500

plats sans gluten

500

plats sans gluten

Carol Beckerman

LES ÉDITIONS
PUBLISTAR
Une société de Québecor Média

Direction éditoriale : Donna Gregory
Éditeur : Mark Searle
Direction artistique : Michael Charles
Photographies : John Whittaker
Consultante spécialisée : Jayne Cross

Première édition en 2008 par New Burlington Books
6 Blundell Street, London N7 9BH
Sous le titre *500 Gluten-free Dishes*

© 2008, Quintet Publishing Limited
© 2013, Éditions de La Martinière
© 2013, Éditions Publistar pour l'édition en langue française au Canada

Adaptation et réalisation : MediaSarbacane
Traduction : Delphine Billaut

Les Éditions Publistar
Groupe Librex inc.
Une société de Québecor Média
La Tourelle
1055, boul. René-Lévesque Est
Bureau 800
Montréal (Québec) H2L 4S5
Tél. : 514 849-5259
Téléc. : 514 849-1388
www.edpublistar.com

Dépôt légal – Bibliothèque et Archives nationales du Québec
et Bibliothèque et Archives Canada, 2013

ISBN : 978-2-89562-508-7

Imprimé en Chine.

Sommaire

Introduction

Les raisons d'un régime sans gluten sont multiples. Outre le combat contre la maladie cœliaque, les causes de l'adoption d'une telle alimentation peuvent aller de la simple cure détoxifiante à un programme controversé de perte de poids, en passant par le traitement de l'autisme et les troubles déficitaires de l'attention. De plus, des recherches récentes ont mis au jour une large gamme de sensibilités au gluten, les spécialistes proposant une nouvelle nomenclature et une nouvelle classification des troubles liés à ce dernier.

Quel que soit votre degré d'intolérance au gluten, votre traitement sera identique : une alimentation dépourvue de cette substance.

Cet ouvrage permet de démythifier cette entreprise et vous montrera comment adopter un mode de vie sans gluten qui soit sain et non frustrant. Les photographies qui accompagnent les centaines de recettes appétissantes proposées ici rappellent que nous mangeons d'abord avec nos yeux. Outre une brève description de la maladie cœliaque et de l'intolérance au gluten, vous trouverez des conseils pour réapprovisionner vos placards et vous aménager un espace de préparation des repas qui soit sûr. L'ensemble est conçu autour de recettes faciles à réaliser, qui seront appréciées de toute la famille.

Grâce à une meilleure prise de conscience du problème, la demande de produits sans gluten est en augmentation constante. Les fabricants entreprennent d'y répondre, si bien que de plus en plus d'aliments adaptés arrivent sur le marché.

Ne désespérez pas : comme vous allez le découvrir, il n'y a jamais eu d'époque aussi propice au régime sans gluten qu'aujourd'hui !

La maladie cœliaque

En 2005, les médecins ont diagnostiqué une maladie incurable chez ma fille et moi... et, depuis, nous n'avons jamais cessé de nous réjouir. Cette apparente contradiction mérite une explication, n'est-ce pas? Ma fille et moi souffrons de maladie cœliaque.

Qu'est-ce que la maladie cœliaque?

C'est un pédiatre londonien, le docteur Samuel Gee, qui, en 1888, décrivit pour la première fois la maladie cœliaque en définissant avec une remarquable justesse ses symptômes chez les enfants et en les reliant à l'alimentation. Dans les années 1950, le gluten fut identifié comme l'agent responsable, mais il fallut attendre les années 1970 pour que les marqueurs génétiques soient découverts. On sait à présent que la maladie cœliaque est une grave maladie génétique auto-immune qui se manifeste par une intolérance totale à tout aliment contenant du gluten, une protéine de réserve présente dans le blé, le seigle et l'orge. C'est lui qui rend la farine collante et donne sa structure unique au pain.

Quels sont les symptômes?

Les symptômes les plus courants de la maladie cœliaque sont gastro-intestinaux. Toutefois, il s'agit d'une affection multisystémique aux nombreux symptômes. Ceux-ci peuvent varier. Parmi les plus courants figurent: ballonnements, diarrhée et/ou constipation, migraines, confusion mentale, épuisement, stérilité ou complications durant la grossesse, douleurs articulaires et osseuses, anémie et problèmes de croissance chez les enfants. Il existe aussi une manifestation cutanée appelée dermatite herpétiforme (DH), caractérisée par des boursouflures et des démangeaisons intenses. Les patients souffrant de DH peuvent également être atteints de lésions intestinales sans symptômes apparents.

Si la maladie cœliaque n'est pas diagnostiquée, des troubles graves associés peuvent apparaître : polyarthrite rhumatoïde, diabète de type 1 insulino-dépendant, ostéoporose, maladies de la thyroïde, lupus, maladies du foie et certains types de cancer.

La maladie cœliaque est la maladie auto-immune la plus fréquente au monde, mais aussi la plus sous-diagnostiquée et/ou la plus mal diagnostiquée. En effet, 97 % des patients atteints n'ont même pas connaissance de souffrir d'une maladie pouvant mettre leur vie en danger. Le délai moyen avant diagnostic chez l'adulte est de neuf ans.

Alors pourquoi nous réjouir ?

La maladie cœliaque est la seule maladie au monde qui dépend totalement de l'alimentation. En d'autres termes, un régime sans gluten suffit à l'oublier ! Grâce à une nourriture adéquate, ma fille et moi avons une vie normale et sommes en bonne santé. Nous revivons ! En suivant strictement ce régime, il est très peu probable qui nous développions l'une des affections secondaires associées à une maladie cœliaque non diagnostiquée.

Qu'est-ce que la sensibilité au gluten ?

Un nombre croissant de personnes réagissent au gluten de la même façon que ceux qui sont atteints de maladie cœliaque, sans présenter de sérologie positive ni de lésions intestinales. Les patients qui ressentent des troubles après avoir consommé du gluten et une amélioration une fois qu'ils l'ont exclu de leur alimentation sont à présent diagnostiqués sous le terme générique de « sensibles au gluten ».

Des recherches récentes ont permis d'identifier toute une gamme de sensibilités au gluten, si bien que les spécialistes ont revu la classification des troubles liés à cette substance. Si les tests de dépistage de la maladie cœliaque se révèlent négatifs, mais que vous réagissez à la consommation de gluten, vous appartenez peut-être à l'une de ces catégories.

Un mot sur l'avoine sans gluten

L'avoine figure souvent sur la liste des aliments à éviter dans le cadre d'un régime sans gluten. En réalité, l'avoine est naturellement exempte de cet élément, mais elle se trouve parfois contaminée par des champs de blé proches ou dans le cadre d'un cycle de rotation des cultures comprenant d'autres céréales qui contiennent du gluten. Les études montrent que la majorité des patients atteints de maladie cœliaque tolèrent l'avoine certifiée sans gluten, et l'avoine est conseillée dans un régime équilibré sans gluten car elle apporte des protéines et des fibres, notamment. En raison de sa teneur en protéines, la farine d'avoine sans gluten est donc un précieux substitut à la farine de blé. Néanmoins, certains patients souffrant de maladie cœliaque sont aussi intolérants à la farine d'avoine la plus pure, sans gluten. Ma fille et moi entrons malheureusement dans cette catégorie. Mais de nouvelles recherches nous donnent l'espoir de réintroduire un jour l'avoine dans notre quotidien. Il s'avère que la plupart des variétés d'avoine, même sans gluten, sont enveloppées d'une balle très riche en une protéine appelée G12. C'est ce peptide, l'«avénine», qui provoquerait une réaction. Il existe une variété, appelée Avena nuda L., naturellement «sans balle», très pauvre en cette avénine. Ma fille et moi la tolérons bien, de sorte que l'avoine et la farine d'avoine issues de cette variété font maintenant partie de notre régime sans gluten. Si vous tolérez l'avoine, le Muesli de la page 45 constituera un apport appréciable.

Une alimentation sans gluten est-elle bonne pour la santé ?

L'équilibre est un point essentiel à toute alimentation, et le régime sans gluten n'y fait pas exception. C'est là l'un de ses avantages : vous ne serez pas tenté par un poisson frit très gras ni par des beignets huileux. Les cinq fruits et légumes quotidiens recommandés dans toute alimentation équilibrée sont exempts de gluten. Les viandes, le poisson et la volaille bruts n'en contiennent pas non plus (attention : certains poissons et viandes préparés recèlent des additifs à base de blé). Veillez à inclure des glucides tels que le riz, la pomme de terre ou la patate douce, de même que des céréales sans gluten comme le quinoa et l'amarante. Réduisez votre consommation de matières grasses, notamment de graisses saturées, qui sont présentes dans les produits d'origine animale tels le beurre, les viandes grasses et les laitages au lait entier.

Que manque-t-il dans une alimentation sans gluten ? Selon les spécialistes, l'élimination totale de cette substance peut entraîner une carence en certaines vitamines du groupe B et en fibres, présentes en grande quantité dans les céréales contenant du gluten. Toutefois, on peut faire appel à des compléments, et de nombreuses céréales sans gluten présentent tout de même une teneur respectable en vitamines B et en protéines. Parmi les plus riches en la matière figurent l'amarante, l'avoine, le quinoa et le teff.

Comment se lancer

Pour tirer le meilleur parti de cet ouvrage, il nous faut aborder le thème de la contamination croisée. Le fait est que le gluten est une substance particulièrement collante, dont il est difficile de se débarrasser. Des particules de gluten se sont accumulées depuis des années dans votre cuisine et se feront un plaisir de vous rappeler votre mode de vie passé. Ainsi, à l'instar d'un parasite, le gluten nécessite un programme d'extermination ciblé. Au départ, cette étape peut paraître fastidieuse. La bonne nouvelle est que vous n'aurez à la suivre qu'une fois.

Regardez les étiquettes des produits stockés dans votre cuisine, car le gluten est fréquemment utilisé dans les sauces, pâtes à tartiner, épices, exhausteurs de goût et autres additifs tels que l'amidon modifié. Les soupes en brique et les plats à emporter contiennent souvent du blé. Les courses s'avèrent toutefois plus faciles de nos jours, car nombre de produits affichent fièrement leur composition « sans gluten » sur leur emballage. Vérifiez également vos compléments de vitamines, car un grand nombre d'entre eux recèlent du gluten en guise d'excipient. Des listes de marques sans gluten sont aussi disponibles sur Internet, mais, en cas de doute, contactez les fabricants. Ils se font un plaisir de répondre à nos questions : notre santé leur tient à cœur.

Astuces pour faire ses courses

- Tout cuisiner est la meilleure façon d'éviter une contamination. Cet ouvrage vous propose des centaines de recettes faciles et une multitude de variantes alléchantes.
- Vous vous rendrez vite compte qu'il existe beaucoup plus d'aliments naturellement sans gluten que de produits qui en contiennent.
- De nombreux supermarchés proposent maintenant un rayon spécialement consacré aux produits sans gluten.
- Attention aux plats préparés : si vous avez du mal à prononcer le nom des ingrédients, mieux vaut sans doute passer votre chemin.

Pourvu que vous soyez correctement informé et préparé, il n'est pas difficile de suivre un régime sans gluten au quotidien.

Réapprovisionner ses placards et son réfrigérateur

Il semble assez logique que, pour disposer d'une cuisine sans gluten, vous deviez en éliminer toute trace. Outre les produits évidents, il se trouve dans n'importe quelle cuisine un grand nombre de produits sans gluten qui ont été contaminés par inadvertance. Commençons par le réfrigérateur : les condiments comme la mayonnaise, le ketchup ou la moutarde sont presque toujours naturellement exempts de gluten. Mais, une fois que l'on a plongé un couteau dans le pot, qu'on l'a mis en contact avec du pain puis replongé dans le pot, son contenu est contaminé, sans marche arrière possible. Lorsque vous achetez de nouveaux condiments, notamment si vous partagez votre cuisine, envisagez de les choisir en tube, ce qui empêche d'y plonger quoi que se soit.

Débarrasser son environnement de toute trace de gluten

- Nettoyez les plans de travail : frottez-les vigoureusement à l'eau savonneuse très chaude.
- Casseroles et faitouts : l'inox est le plus facile à « dégluténiser » – bien le frotter suffit.

En revanche, les résidus demeurant sur la fonte peuvent poser plus de problèmes, car ils résultent souvent d'années d'accumulation. Si vous utilisez une vieille cocotte héritée de votre famille, notamment, récurez-la avec un tampon pour inox et du savon, rincez-la bien, puis placez-la dans un four très chaud pendant 15 minutes Sinon, faites-vous plaisir et achetez-vous une nouvelle cocotte en fonte !

• Moules à tarte et à gâteau : le verre est le plus facile à nettoyer. Il suffit de le frotter, puis de le passer au lave-vaisselle. Les moules en aluminium sont à remplacer.

• Planches à découper : il sera probablement nécessaire de remplacer votre vieille planche en plastique. Vous voyez les petites entailles dont elle est parsemée ? Elles peuvent receler du gluten. Poncez les planches en bois, selon leur épaisseur, jusqu'à atteindre le bois intact.

• Ustensiles, rouleaux à pâtisserie, verres mesureurs et cuillères : pour les raisons énoncées ci-dessus, remplacez ceux qui sont en bois ou en plastique.

• Appareils ménagers : votre grille-pain et votre gaufrier ne sont pas vos amis. Il y demeure des miettes de votre vie d'avant qui contamineront votre nouvelle alimentation. Investissez dans des appareils neufs.

• Friteuse : les molécules de gluten demeurent actives, malgré la température de l'huile. Frottez bien chacun des éléments.

• Après cette opération de «dégluténisation», jetez toutes vos vieilles éponges.

Remarque : si vous partagez votre cuisine, quelques modifications s'imposent.

• Il vous faudra deux grille-pain. Marquez le vôtre à l'aide d'adhésif ou d'un stylo indélébile.

• Allouez un tiroir séparé aux ustensiles sans gluten. Repérez les manches des ustensiles avec un marqueur ou, mieux, achetez des ustensiles munis d'un manche d'une couleur différente. Un code couleurs pourra se révéler utile dans toute la cuisine.

• Repérez au marqueur ou par des étiquettes les condiments en pot. Personnellement, un simple «SG SVP» me convient.

• Ayez votre beurre et votre fromage à vous. Sinon, que chacun emploie un couteau propre à chaque utilisation.

Cuisiner pour les enfants souffrant de maladie cœliaque

Lorsque vous vous serez informé, que vous aurez aménagé un espace sans gluten et réapprovisionné correctement vos placards, je pense que cuisiner sans gluten pour votre enfant sera du gâteau – sans gluten, bien sûr !

Tous les enfants ont leurs préférences, et un grand nombre d'aliments sont naturellement sans gluten. Certains enfants sont simplement plus difficiles que d'autres. Si tel est le cas, plusieurs des recettes sans gluten que nous vous proposons devraient convenir. Aux plus petits, prêtez ce livre. L'heure de l'histoire du soir est un bon moment pour leur parler. Laissez votre enfant prendre des décisions, il s'investira ainsi dans son régime. N'oubliez pas que l'on mange d'abord avec les yeux : feuilleter les magnifiques photographies de cet ouvrage ne laissera personne indifférent. Nul besoin de vanter l'absence de gluten dans les épinards et les choux de Bruxelles. Soulignez plutôt le fait que le chocolat et de nombreuses glaces en sont naturellement exempts. D'après mon expérience, c'est l'école qui peut se révéler le plus problématique. Après le diagnostic, prenez rendez-vous avec l'enseignant. Fournissez-lui une liste des aliments à éviter et des aliments sûrs. Les enfants détestent se sentir différents. Malgré tout, il n'est pas possible de transiger : il faut que les camarades de classe de votre enfant comprennent qu'ils ne doivent pas partager avec lui leurs biscuits et leurs sandwichs. Mais imaginez votre enfant emporter à l'école les succulents Brownies au chocolat et aux noix de pécan de la page 265 le jour de son anniversaire. Personne ne saura qu'ils sont sans gluten. Il est très probable que, dans la classe, d'autres enfants auront aussi un problème alimentaire ou allergique. Mettez les choses au clair en encourageant l'enseignant à prévoir un moment de discussion consacré aux « problèmes » de chacun.

Une affaire de famille

Les études les plus récentes montrent que 11 % des membres de la famille au premier degré souffrent aussi de maladie cœliaque. Les enfants présentent même un risque accru à 22 %.

Renseignez-vous : une grand-mère ou une tante est-elle ou a-t-elle été atteinte d'une maladie auto-immune comme la polyarthrite rhumatoïde ou l'ostéoporose ? Je pense qu'il est crucial de prendre le temps d'informer nos familles et de les encourager à se faire dépister.

Quelle que soit votre motivation, le succès de votre régime sans gluten dépendra de votre désir de vous y investir. Et, comme il s'agit exclusivement de nourriture, il n'y a pas de doute que les délicieuses recettes de cet ouvrage vous aideront, ainsi que leurs variantes. Enfin, une recherche rapide sur Internet vous confirmera que vous n'êtes pas seul dans ce cas : il existe toute une communauté juste à portée de clic. Des dizaines de groupes d'entraide, de blogs et de sites vous permettront de vous tenir au fait des découvertes récentes et vous confirmeront que vous avez beaucoup en commun avec d'autres familles. Il n'y a qu'une chose que nous apprécions plus que de partager notre meilleure recette de biscuits sans gluten, c'est de nous tenir informés des nouvelles études et des dernières astuces pour vivre pleinement notre vie sans gluten.

Possibles sources cachées de gluten

Les produits suivants peuvent contenir du gluten. Mais nombre d'entre eux ont maintenant des variantes sans gluten. Lisez toujours les étiquettes avec le plus grand soin et, en cas de doute, contactez le fabricant.

- amandes en poudre
- bières
- boissons au lait malté
- boissons gazeuses
- bretzels
- café des distributeurs automatiques
- charcuterie, hot-dogs, salami, saucisses
- chips

- chips de maïs
- chocolat
- eaux aromatisées
- fonds de sauce et bouillon cube
- frites (de la farine peut être utilisée pour qu'elles restent blanches)
- fromage râpé en sachet
- fromages à tartiner

- fruits secs grillés
- galettes de maïs
- légumes cuisinés
- médicaments en comprimés
- mélanges d'épices
- mélanges de riz
- moutarde en poudre
- orgeat ou orge aromatisée
- pain azyme
- sauce soya
- sauce Worcestershire
- sauces du commerce
- sirop de riz
- soupes
- surimi
- vinaigrettes du commerce
- volailles marinées

Aliments sûrs

- pâte de tomates, tomates concassées
- confitures et gelées de fruits
- extrait de vanille
- farine de maïs
- fines herbes fraîches et épices pures
- fruits et légumes frais
- fruits secs oléagineux et graines nature
- huiles et matières grasses pures
- légumes secs
- levure, fraîche ou sèche
- maïs en grains
- miel
- nouilles de riz sans gluten
- œufs
- produits laitiers (nature)
- riz et riz sauvage (mais pas les mélanges)
- sauce soya tamari sans gluten
- sirop d'érable et mélasse
- sirop de maïs
- son de riz
- soya et tofu nature (attention, le tofu est souvent saupoudré de farine)
- sucre
- viandes et poissons frais
- vinaigres sans gluten (le vinaigre de malt et des vinaigres balsamiques en contiennent)

Pâtes et mélanges de farines sans gluten (SG)

Mélange de farines

Voici un bon substitut de base pour toutes les farines multi-usages. Pour réaliser pains ou gâteaux, ajoutez de la levure et les ingrédients de votre choix, comme dans une recette « normale ».

170 g (1 tasse) de farine de riz
100 g (3/5 tasse) de farine de tapioca

85 g (3/5 tasse) de fécule de pomme de terre
1 pincée de sel

Dans un s aladier, battez tous les ingrédients jusqu'à ce qu'ils soient bien mélangés. Cette farine se conserve quelque temps dans une boîte hermétique.

Mélange de farines avec levure

Comme pour le mélange précédent, cette farine remplace bien toutes les farines avec levure incorporée.

170 g (1 tasse) de farine de riz
100 g (3/5 tasse) de farine de tapioca
85 g (3/5 tasse) de fécule de pomme de terre

1 c. à t. de gomme de xanthane
1 c. à s. de levure chimique
1 pincée de sel

Dans un saladier, battez tous les ingrédients jusqu'à ce qu'ils soient bien mélangés. Cette farine se conserve quelque temps dans une boîte hermétique.

Mélange de farines pour biscuits

Voici un bon mélange de farines pour réaliser vos biscuits préférés.

170 g (1 tasse) de farine de riz
110 g (4/5 tasse) de fécule de pomme de terre

40 g (1/4 tasse) de farine de tapioca
1 c. à t. de gomme de xanthane

Dans un saladier, battez tous les ingrédients jusqu'à ce qu'ils soient bien mélangés. Cette farine se conserve quelque temps dans une boîte hermétique.

Pâte à crêpes de base

Voici une recette de base excellente pour réaliser crêpes et pancakes. Gardez le mélange de farines dans une boîte hermétique et ajoutez les liquides au moment de l'utiliser.

130 g (¾ tasse) de farine de riz
100 g (⅗ tasse) de farine de tapioca
1 c. à s. de levure chimique
2 c. à t. de sucre
1 pincée de sel

1 œuf
30 cl (1 ¼ tasse) de babeurre ou de lait de riz
2 c. à s. de beurre ou de margarine sans lait, fondus

Dans un saladier, mélangez bien les ingrédients secs. Dans un bol, battez l'œuf et le babeurre. Creusez un puits au centre des ingrédients secs et versez-y le mélange à l'œuf. Mélangez le tout délicatement. Incorporez le beurre ou la margarine à la préparation, en remuant délicatement. Versez dans une poêle chaude pour confectionner les crêpes.

Pâte à tarte de base

Non seulement cette pâte à tarte est délicieuse, mais, en plus, une partie du beurre est remplacée par de l'huile, ce qui est meilleur pour le cœur.

85 g (½ tasse) de farine de riz
30 g (⅕ tasse) de farine de sarrasin
60 g (½ tasse) de fécule de maïs
1 pincée de sel

60 g (¼ tasse) de beurre ou de margarine sans lait
6 cl (¼ tasse) d'huile de tournesol
1 c. à s. d'eau + un peu si nécessaire

Beurrez un moule à tarte cannelé à fond amovible de 23 cm (9 po) de diamètre. Préchauffez le four à 400 °F (200 °C). Pour réaliser la pâte, tamisez les farines, la fécule et le sel dans un saladier. Ajoutez le beurre ou la margarine et écrasez-la avec les doigts, en sablant finement la pâte. Versez l'huile et l'eau, puis pétrissez jusqu'à obtenir une pâte homogène. Ajoutez un peu d'eau si nécessaire. N'hésitez pas à pétrir longtemps, car cette pâte est moins souple que la pâte brisée classique. Formez une boule, aplatissez-la en cercle et transférez-la dans le moule.

Avec les doigts, étalez la pâte au fond du moule et sur les côtés, sans dépasser le bord du moule. Couvrez de papier sulfurisé, disposez des haricots secs sur le dessus et enfournez à blanc pour 10 minutes. Ôtez les haricots et le papier sulfurisé, et poursuivez la cuisson 5 minutes. Sortez le moule du four et utilisez selon votre souhait.

Pâte sablée pour dessus de tourte

Cette pâte est aussi belle que bonne. Elle s'étale facilement et se prête aussi à la confection de biscuits : il suffit de lui laisser plus d'épaisseur et de la découper à l'emporte-pièce. Une fois la pâte étalée, le plus simple pour la transporter sur la tourte consiste habituellement à la rouler autour du rouleau à pâtisserie, mais cette pâte-ci se brisera si vous procédez ainsi. Étalez-la sur 6 mm (¼ po) d'épaisseur environ : vous devriez pouvoir la soulever par le bord avec les doigts et la transférer rapidement sur la tourte.

130 g (¾ tasse) de farine de riz complet	½ c. à t. de sel
170 g (1 tasse) de fécule de pomme de terre	60 g (¼ tasse) de beurre ou de margarine
1 c. à t. de gomme de xanthane	sans lait
1 c. à s. de levure chimique	1 gros œuf
1 c. à t. de crème de tartre	12 cl (½ tasse) de lait ou de lait de riz
1 c. à t. de bicarbonate de soude	Farine de riz blanc
1 c. à t. de sucre	1 œuf légèrement battu

Préchauffez le four à 340 °F (175 °C) et préparez la tourte que vous souhaitez recouvrir de cette pâte. Humidifiez le bord de la tourte avec un peu d'eau ou d'œuf battu. Dans un saladier, battez la farine de riz, la fécule, la gomme de xanthane, la levure, la crème de tartre, le bicarbonate, le sucre et le sel. Quand ces ingrédients sont bien mélangés, incorporez le beurre ou la margarine, et sablez finement la pâte. Dans un bol, battez l'œuf avec le lait. Creusez un puits au centre du mélange de farines et versez-y l'œuf et le lait. Mélangez avec un couteau à bout rond jusqu'à obtention d'une pâte lisse. Formez une boule et transférez-la sur un plan de travail saupoudré de farine de riz blanc. Étalez-la sur un peu plus de 6 mm (¼ po) d'épaisseur et transférez-la rapidement sur la tourte. En appuyant doucement avec les doigts, scellez les bords de la tourte, puis badigeonnez le tout d'œuf battu au pinceau. Avec la pointe d'un couteau, faites un trou au centre pour laisser la vapeur s'échapper et enfournez pour 25 minutes environ, jusqu'à ce que la pâte soit dorée et croustillante.

Pâte brisée pour dessus de tourte

Une fois cuite, cette pâte ressemble davantage que la précédente à une pâte classique, mais elle est plus difficile à manipuler. Aussi faut-il l'étaler entre deux morceaux de film alimentaire. Cela paraît plus compliqué que ça ne l'est en réalité.

85 g (½ tasse) de farine de riz
   + un peu pour le plan de travail
85 g (⅖ tasse) de farine de maïs fine (polenta)
60 g (⅖ tasse) de fécule de pomme de terre
30 g (⅕ tasse) de farine de tapioca
1 c. à t. de gomme de xanthane

1 pincée de sel
140 g (⅗ tasse) de beurre ou de margarine
   sans lait
1 œuf, battu
1 à 2 c. à s. d'eau

Dans un saladier, battez la farine de riz, la farine de maïs, la fécule de pomme de terre, la farine de tapioca, la gomme de xanthane et le sel. Quand ils sont bien mélangés, incorporez le beurre ou la margarine, et sablez finement. Ajoutez l'œuf et la quantité d'eau nécessaire pour obtenir une pâte lisse. Façonnez-la en boule. La pâte ne doit pas être trop humide. Saupoudrez légèrement le plan de travail de farine de riz et pétrissez délicatement la pâte quelques instants. Enveloppez-la dans du film alimentaire et laissez reposer 30 minutes environ au réfrigérateur avant de l'utiliser.

Petits-déjeuners et brunchs

Les petits-déjeuners et les brunchs du dimanche

sont l'occasion de passer un bon moment en famille

ou entre amis, autour de plats salés ou sucrés.

Gaufres et pancakes font partie des favoris, leurs

variantes sans gluten se révélant aussi bonnes,

si ce n'est meilleures, que les versions classiques.

Pancakes au babeurre

Pour 4 personnes

Ces pancakes sont réalisés avec du sarrasin, ou blé noir, qui, en dépit de son nom, n'a rien à voir avec le blé. Ils sont légers et aérés, et aussi sains que savoureux.

300 g (1 ⅘ tasse) de farine de riz
50 g (⅖ tasse) de farine de sarrasin
2 c. à t. de levure chimique
½ c. à t. de sel
2 c. à s. de sucre

1 gros œuf
5 cl (⅕ tasse) de babeurre
1 c. à t. d'extrait de vanille
2 c. à s. de beurre + un peu pour la cuisson
Sucre à glacer, sirop d'érable et beurre

Préchauffez le four à 285 °F (135 °C). Tamisez les farines, la levure et le sel dans un saladier, ajoutez le sucre et mélangez. Creusez un puits au centre, cassez-y l'œuf, et ajoutez le babeurre et l'extrait de vanille. Mélangez en partant du centre avec une cuillère en bois, en incorporant peu à peu la farine du pourtour. Ne mélangez pas trop longtemps et ne vous inquiétez pas s'il reste des grumeaux. Faites fondre 2 c. à s. de beurre dans une grande poêle, versez-le dans la pâte et incorporez-le légèrement. Remettez la poêle sur le feu, ajoutez un peu de beurre et tournez la poêle pour bien le répartir.
Quand le beurre est chaud, mais avant qu'il ne fume, versez environ 3 c. à s. de pâte de façon à former un pancake de 13 cm (5 po) de diamètre environ. Si la poêle est assez grande, formez-en un autre à côté. La pâte doit crépiter et des petites bulles doivent se former. Quand les bords commencent à sécher, retournez les pancakes : ils doivent avoir une belle couleur dorée. La seconde face va cuire plus rapidement que la première. Disposez les pancakes sur un plat, couvrez-les et réservez-les au chaud le temps de cuire les autres. Saupoudrez de sucre à glacer et servez, accompagné de beurre et de sirop d'érable.

Voir variantes p. 48

Gaufres aux noix de pécan, sauce au caramel

Pour 6 personnes

Ces gaufres sont un régal au petit-déjeuner. Appréciées des petits aussi bien que des grands, elles sont servies avec une délicieuse sauce au caramel, laquelle pourra aussi accompagner de nombreux parfums de glaces.

Pour la sauce
115 g (½ tasse) de beurre
3 c. à s. de sirop de sucre roux
230 g (1 ⅛ tasse) de cassonade
25 cl (1 tasse) de crème liquide
2 c. à s. de jus de citron

Pour les gaufres
140 g (⅘ tasse) de farine de riz
30 g (⅕ tasse) de farine de tapioca
40 g (¼ tasse) de fécule de pomme de terre

2 c. à t. de levure chimique
1 c. à t. de sel
2 c. à t. de sucre
40 g (⅓ tasse) de noix de pécan hachées
    + un peu à parsemer
35 cl (1 ⅓ tasse) de babeurre
1 c. à t. d'extrait de vanille
5 cl (⅕ tasse) d'huile de canola
2 œufs
Beurre
Sucre à glacer

Faites fondre le beurre dans une casserole de taille moyenne placée sur feu doux. Ajoutez-y le sirop et la cassonade, et faites chauffer pour dissoudre cette dernière. Versez la crème et le jus de citron. Portez à ébullition, laissez frémir doucement 5 min, en remuant de temps à autre, puis laissez refroidir. Servez tiède ou refroidi. Préchauffez le gaufrier. Dans un saladier, tamisez les farines, la fécule, la levure et le sel. Ajoutez le sucre et les noix de pécan. Dans un autre saladier, battez le babeurre, l'extrait de vanille, l'huile et les œufs. Creusez un puits

au centre des farines et versez-y le mélange au babeurre, en battant jusqu'à obtenir une pâte lisse. Quand le gaufrier est chaud, étalez-y un peu de beurre au pinceau et recouvrez le fond de pâte. Celle-ci va lever et s'étaler à la cuisson. Faites cuire 5 min environ : les gaufres doivent être dorées et croustillantes.

Réservez-les au chaud le temps de cuire les suivantes, puis servez-les saupoudrées de sucre à glacer et parsemées de noix de pécan hachées, accompagnées de la sauce au caramel.

Voir variantes p. 49

Tarte aux pommes façon Tatin

Pour 4 personnes

Des pommes caramélisées sur une sorte de crêpe épaisse et savoureuse et surmontées d'une bonne cuillerée de crème fraîche : quelle meilleure façon de commencer la journée ?

2 c. à s. de beurre
2 c. à t. de cannelle en poudre
3 c. à s. de sucre
4 pommes acides (granny smith, par exemple), pelées, épépinées et coupées en fines lamelles
35 g (⅕ tasse) de farine de riz
30 g (⅕ tasse) de farine de tapioca
35

40 g (¼ tasse) de fécule de pomme de terre
2 c. à t. de levure chimique
¼ de c. à t. de sel
½ c. à t. de gomme de xanthane
3 œufs
20 cl (¾ tasse) de babeurre
1 c. à t. d'extrait de vanille
Sucre à glacer et crème fraîche

Préchauffez le four à 400 °F (200 °C). Faites fondre le beurre dans une grande poêle allant au four, placée sur feu moyen, ajoutez la cannelle et le sucre, puis mélangez. Ajoutez les pommes dans la poêle, couvrez et laissez cuire 15 min environ. Glissez la poêle dans le four, sans couvercle, pour 5 min.

Dans un saladier, tamisez les farines, la fécule, la levure et le sel. Incorporez la gomme de xanthane. Dans un petit saladier, battez les œufs, le babeurre et la vanille. Creusez un puits au centre de la farine et versez-y la préparation à base d'œuf. Mélangez avec une cuillère en bois en partant du centre, en incorporant peu à peu la farine du pourtour.

Sortez la poêle du four et versez-y la pâte. Remettez-la au four et laissez cuire à découvert 15 min environ, jusqu'à ce que la pâte soit levée et dorée. Servez saupoudré de sucre à glacer, avec une bonne cuillerée de crème fraîche.

Voir variantes p. 50

Pain perdu aux amandes et aux fraises

Pour 4 ou 5 personnes

Voici la meilleure façon de déguster du pain perdu : parsemé d'amandes effilées et doré au beurre, mais encore moelleux à l'intérieur. Accompagné de fraises, il offre une superbe combinaison de saveurs.

450 g (3 tasses) de fraises fraîches, rincées
    et équeutées
170 g (⅘ tasse) de sucre
10 cl (⅖ tasse) de jus d'orange
    fraîchement pressé
1 c. à t. de zeste d'orange
1 brioche aux cerises (p. 128) de la veille

4 gros œufs
15 cl (⅝ tasse) de lait
1 c. à t. d'extrait de vanille
2 c. à s. de beurre
2 c. à t. d'huile végétale
3 c. à s. d'amandes effilées
Sucre à glacer

Préparez d'abord les fraises. Coupez-les en lamelles de 5 mm (⅕ po) d'épaisseur et mettez-les dans un petit saladier. Dans une casserole de taille moyenne, mélangez 110 g (½ tasse) de sucre ainsi que le zeste et le jus d'orange. Portez à ébullition, en remuant pour dissoudre le sucre. Laissez frémir 2 min, puis versez sur les fraises. Laissez refroidir.

Coupez la brioche en tranches de 1 cm (⅖ po) d'épaisseur et réservez.

Dans un saladier peu profond, battez les œufs avec le lait, le reste de sucre et l'extrait de vanille. Faites chauffer la moitié du beurre et l'huile végétale dans une grande poêle, sans les laisser fumer.

Trempez rapidement chaque tranche de brioche d'un côté dans la pâte, de façon à l'en imprégner, puis retournez-la pour imbiber l'autre côté.

Posez les tranches dans le beurre chaud, parsemez chacune d'elles de 2 c. à t. d'amandes effilées et enfoncez légèrement les amandes dans la brioche à l'aide d'une spatule. Laissez dorer 2 à 3 min, avant de retourner pour cuire l'autre face. Sortez les pains perdus de la poêle et réservez-les au chaud le temps de cuire les autres, en ajoutant le reste du beurre dans la poêle si nécessaire. Servez saupoudré de sucre à glacer et surmonté des fraises.

Voir variantes p. 51

Œufs à la florentine

Pour 2 à 4 personnes

Ces œufs pochés à la perfection, disposés sur un lit d'épinards au beurre et un biscuit croustillant, puis surmontés d'une onctueuse sauce hollandaise maison, composent un petit-déjeuner aussi équilibré que gourmand.

2 jaunes d'œufs
140 g (³⁄₅ tasse) de beurre, fondu + 60 g (¼ tasse)
    environ, pour la cuisson et pour les tartines
Le jus de ½ citron
Sel

1 pincée de poivre de Cayenne
100 g (1 ³⁄₅ tasse) de feuilles d'épinards fraîches
Sel et poivre noir du moulin
4 œufs
2 biscuits au babeurre (p. 127)

Pour confectionner la sauce hollandaise, mettez les jaunes d'œufs dans un saladier résistant à la chaleur que vous placez dans un moule rempli d'eau frémissante. Fouettez-les avec 2 c. à s. d'eau chaude. Très lentement, ajoutez le beurre fondu, sans verser le résidu laiteux au fond du récipient. Fouettez pour incorporer tout le beurre, puis ajoutez le jus de citron, le sel et le poivre de Cayenne. Réservez.

Faites fondre un peu de beurre dans une grande poêle et ajoutez-y les épinards. Mélangez jusqu'à ce qu'ils soient fondus, puis extrayez-en l'eau, salez et poivrez. Retirez-les du feu. Pendant ce temps, pochez les œufs : plongez-les délicatement, un par un, dans une casserole d'eau frémissante, en ramenant le blanc, à l'aide de deux cuillères, tout autour du jaune. Trempez-les rapidement dans l'eau froide et égouttez-les. Coupez les biscuits en deux, étalez le reste de beurre dessus et répartissez les épinards sur chaque biscuit, en laissant un léger creux dans lequel vous poserez les œufs pochés. À la cuillère, déposez un quart de la sauce hollandaise sur chaque œuf, avant de les passer 1 min sous le gril chaud. Servez aussitôt.

Voir variantes p. 52

Tortillas à l'œuf et au fromage

Pour 4 à 6 personnes

Rapides à réaliser et colorées, ces tortillas de maïs sont non seulement nourrissantes, mais aussi appréciées des enfants.

6 tortillas de maïs
1 c. à s. de beurre
170 g (1 tasse) de poivron rouge haché
60 g (⅗ tasse) d'oignons verts hachés
6 gros œufs
Sel et poivre du moulin
140 g (5 oz) de cheddar râpé

Réchauffez les tortillas, soit à la poêle sans matière grasse, soit au micro-ondes, afin qu'elles soient plus souples.
Faites fondre le beurre dans une grande poêle et mettez-y le poivron rouge à revenir 4 min. Incorporez les oignons et poursuivez la cuisson 1 min. Dans un saladier, battez les œufs, salez, puis poivrez généreusement. Versez les œufs dans la poêle et remuez jusqu'à ce qu'ils commencent à prendre. Ajoutez le fromage et continuez de mélanger jusqu'à ce qu'il soit bien fondu.
Répartissez le mélange poêlé dans les tortillas et refermez celles-ci. Réchauffez 1 à 2 min au micro-ondes au moment de déguster, pour servir les tortillas bien chaudes.

Voir variantes p. 53

Mini-crêpes de pommes de terre au saumon fumé

Pour 4 ou 5 personnes

Ces petites crêpes croustillantes et dorées sont très appréciées en Europe de l'Est et en Europe centrale, souvent accompagnées de crème sure. L'ajout du saumon fumé en fait un petit-déjeuner de gourmet.

900 g (32 oz) de pommes de terre
1 petit oignon
1 œuf, battu
6 cl (¼ tasse) de lait chaud

1 c. à s. de farine de riz
Sel et poivre noir du moulin
Huile végétale
4 ou 5 tranches de saumon fumé

Épluchez les pommes de terre et l'oignon, puis râpez-les dans un saladier. Incorporez l'œuf battu, le lait et la farine de riz. Salez et poivrez généreusement. Mélangez jusqu'à obtenir une pâte épaisse.

Faites chauffer un peu d'huile végétale dans une poêle. Quand elle est chaude, mais avant qu'elle ne fume, versez-y la pâte à la cuillère, de façon à former de petites crêpes de 18 cm (7 po) de diamètre environ (une par une ou plusieurs à la fois, selon la taille de la poêle). Faites-les cuire quelques minutes, jusqu'à ce qu'elles soient croustillantes et dorées, puis retournez-les pour cuire l'autre face. Servez accompagné de tranches de saumon fumé.

Voir variantes p. 54

Galettes au fromage et à l'oignon

Pour 8 galettes

Pour ceux qui préfèrent le salé au sucré, ces galettes au fromage sont un régal matinal. Associant protéines, féculents et légumes, elles composent un excellent petit-déjeuner.

2 c. à s. d'huile végétale
1 petit oignon, finement haché
140 g (⅘ tasse) de farine de riz
50 g (⅖ tasse) de farine de tapioca
30 g (¼ tasse) de fécule de maïs
1 c. à s. de levure chimique

½ c. à t. de gomme de xanthane
60 g (2 oz) de cheddar râpé
Sel et poivre noir du moulin
2 œufs
20 cl (¾ tasse) de lait

Faites bien chauffer l'huile végétale dans une grande poêle, puis mettez-y l'oignon à cuire 5 min, jusqu'à ce qu'il soit tendre. Retirez la poêle du feu. Retirez l'oignon de la poêle avec une écumoire et réservez, le temps qu'il refroidisse un peu.

Tamisez ensemble les farines, la fécule de maïs, la levure et la gomme de xanthane dans un saladier. Ajoutez le fromage et l'oignon refroidi, salez et poivrez. Creusez un puits au centre, cassez-y les œufs et versez le lait. Mélangez avec une cuillère en bois en partant du centre, en incorporant peu à peu le mélange de farines du pourtour. Ne remuez pas trop longtemps. La pâte doit être assez épaisse.

Vérifiez qu'il reste environ 1 c. à s. d'huile dans la poêle et faites-la chauffer. Avant qu'elle ne fume, versez-y des cuillerées de pâte et faites cuire les galettes jusqu'à ce que des bulles commencent à se former sur le bord, puis retournez-les pour les faire dorer sur l'autre face. Réservez au chaud le temps de cuire les autres galettes. Servez aussitôt.

Voir variantes p. 55

Saucisses de porc

Pour 2 kg (4 lb) environ

Confectionner des saucisses est beaucoup plus facile qu'on ne le pense souvent, et vous avez ainsi la garantie qu'elles sont sans gluten ! Vous pouvez acheter le boyau chez votre boucher ou simplement modeler la chair en forme de saucisse. Il est également possible de doubler les quantités pour réaliser deux fois plus de saucisses, si vous vous sentez d'appétit...

2 kg (4 lb) de porc haché
1 c. à s. de poivre blanc moulu
1 c. à t. de gingembre en poudre
1 c. à t. de sauge en poudre
1 c. à t. de macis en poudre

2 c. à s. de sel
230 g (8 oz) de chapelure SG ou de flocons
  d'avoine
Boyau de porc, rincé et séché sur du papier
  absorbant

Dans un saladier, mélangez tous les ingrédients (sauf le boyau) à la main, en répartissant les fines herbes et les épices de façon homogène.

Si vous disposez d'un poussoir à saucisses sur votre mixeur, enfilez le boyau dessus. Il est plus facile de confectionner les saucisses à deux, une personne poussant la chair dans le boyau, l'autre guidant le boyau et vérifiant que la viande soit bien répartie à l'intérieur. Cela favorise la préparation de saucisses de mêmes dimensions. Continuez jusqu'à épuisement de la chair. Entortillez le boyau pour former une chaîne de saucisses.

Vous pouvez aussi rouler la chair sur un plan de travail jusqu'à lui donner la forme d'une saucisse, que vous recouperez en tronçons de 10 à 15 cm (4 à 6 po) de long. Gardez les saucisses au réfrigérateur, ou congelez-les pour les déguster dans les 3 mois, cuites comme des saucisses ordinaires.

Voir variantes p. 56

Saucisse en biscuit au beurre de tomates séchées

Pour 8 personnes

Tout le monde aime ces petits pâtés à la saucisse, saisis sur feu vif. Savoureux, nourrissants, ils sont riches en protéines et vous permettront de tenir jusqu'au déjeuner.

70 g (⅓ tasse) de beurre, ramolli
60 g (2 oz) de tomates séchées, finement hachées
700 g (25 oz) de porc haché
1 c. à t. de poivre blanc moulu
½ c. à t. de gingembre en poudre
½ c. à t. de sauge moulue

½ c. à t. de macis en poudre
1 c. à s. de sel
60 g (⅖ tasse) de flocons d'avoine
    ou de chapelure SG
1 c. à s. d'huile végétale
8 biscuits au babeurre (p. 127)

Préparez d'abord le beurre de tomates séchées. Dans un petit saladier, battez le beurre et les tomates séchées jusqu'à obtenir un mélange homogène. Laissez raffermir au frais, de façon à pouvoir étaler ce beurre ensuite. Confectionnez maintenant les pâtés à la saucisse. Dans un saladier, mélangez à la main la viande de porc, les assaisonnements ainsi que les flocons d'avoine ou la chapelure, en veillant à bien répartir les épices. Divisez cette préparation en 8 parts et formez de petits pâtés. Réservez au réfrigérateur.

Faites chauffer un peu d'huile dans une grande poêle. Avant qu'elle ne fume, saisissez-y quelques pâtés (selon la largeur de la poêle) sur feu vif 3 min par face. Quand ils sont bien cuits, réservez-les au chaud le temps de cuire les autres. Coupez les biscuits en deux et étalez 1 c. à t. de beurre de tomates sur chaque moitié. Surmontez la moitié inférieure d'un pâté à la saucisse, puis couvrez de la moitié supérieure et servez aussitôt.

Voir variantes p. 57

Mini-muffins au fromage et au jambon

Pour 12 pièces

Rien ne vaut le parfum des muffins au fromage tout juste sortis du four ! Ils feraient fondre les plus difficiles et ravissent les palais les plus délicats.

60 g (⅓ tasse) de farine de maïs fine
95 g (⅗ tasse) de farine de riz complet
30 g (¼ tasse) de fécule de maïs
2 c. à t. de levure chimique
1 pincée de sel
60 g (2 oz) de cheddar, finement râpé
2 c. à s. de parmesan, finement râpé

30 g (1 oz) de jambon, finement haché
1 c. à s. de romarin séché
1 gros œuf
9 c. à s. de babeurre
3 c. à s. d'huile de canola
½ c. à t. de moutarde de Dijon

Préchauffez le four à 400 °F (200 °C). Posez 12 caissettes en papier au fond de moules à mini-muffins ou bien beurrez-les légèrement. Dans un saladier, tamisez les farines, la fécule, la levure et le sel. Ajoutez les fromages, le jambon et le romarin, puis mélangez bien. Dans un autre saladier, battez l'œuf avec le babeurre, l'huile et la moutarde. Creusez un puits au centre des ingrédients secs et versez-y la préparation au babeurre. Mélangez avec une cuillère en bois en partant du centre, en incorporant peu à peu la farine du pourtour. Ne remuez pas trop et ne vous inquiétez pas s'il reste quelques petits grumeaux. Versez la pâte à la cuillère dans les moules, puis enfournez pour 12 à 15 min, le temps que les muffins soient bien gonflés et dorés. Servez chaud.

Voir variantes p. 58

Muffins fraise-coco

Pour 12 pièces

Ces muffins fondants embaument le parfum des fraises bien mûres. La noix de coco
et la banane assurent une texture parfaite.

140 g (⅘ tasse) de farine de riz
30 g (⅕ tasse) de farine de tapioca
30 g (⅕ tasse) de farine de noix de coco
1 c. à s. de levure chimique
1 c. à t. de gomme de xanthane
¼ de c. à t. de sel
30 g (⅓ tasse) d'amandes en poudre
30 g (¼ tasse) de farine de maïs
110 g (½ tasse) de sucre

20 g (¼ tasse) de noix de coco râpée, non sucrée
2 gros œufs
25 cl (1 tasse) de babeurre
6 c. à s. d'huile de canola
2 c. à t. d'extrait de vanille
1 banane bien mûre, écrasée
170 g (1 tasse) de fraises bien mûres, séchées
et coupées en lamelles

Préchauffez le four à 400 °F (200 °C) et placez des caissettes en papier dans 12 moules
à muffins. Dans un saladier, tamisez les farines de riz, de tapioca et de noix de coco, la levure,
la gomme de xanthane et le sel. Incorporez les amandes, la farine de maïs, le sucre et la noix
de coco. Dans un autre saladier, battez les œufs, avant d'y incorporer le babeurre, l'huile et
l'extrait de vanille. Ajoutez enfin la banane et les fraises, puis mélangez.
Creusez un puits au centre des ingrédients secs et versez-y rapidement les autres ingrédients.
Remuez vite et délicatement. Quand les ingrédients sont juste mélangés, sans vous inquiéter
des éventuels grumeaux restants, versez la pâte à la cuillère dans les moules et enfournez
pour 20 à 25 min. Les muffins sont prêts quand ils sont dorés, fermes au toucher et bien
gonflés. Servez-les chauds ou après les avoir laissés refroidir sur une grille.

Voir variantes p. 59

Muffins aux bleuets et au chocolat blanc

Pour 12 pièces

Ces muffins laissent éclater la saveur des bleuets lorsque vous les croquez, puis vient la douceur fondante du chocolat blanc. L'ajout de la banane empêche qu'ils ne soient secs.

140 g (⅘ tasse) de farine de riz
80 g (⅗ tasse) de fécule de maïs
1 c. à s. de levure chimique
1 pincée de sel
110 g (½ tasse) de sucre
100 g (½ tasse) de farine de maïs fine
170 g (6 oz) de pépites de chocolat blanc
   (ou de chocolat blanc haché)

110 g (¾ tasse) de bleuets frais
2 gros œufs
6 c. à s. de beurre, fondu puis refroidi
25 cl (1 tasse) de babeurre
2 c. à t. d'extrait de vanille
1 petite banane bien mûre, écrasée

Préchauffez le four à 400 °F (200 °C) et placez des caissettes en papier dans 12 moules à muffins. Dans un saladier, tamisez la farine de riz, la fécule de maïs, la levure et le sel. Incorporez le svucre, la farine de maïs, le chocolat blanc et les bleuets. Dans un autre saladier, battez les œufs, puis incorporez au fouet le beurre fondu, le babeurre et l'extrait de vanille. Incorporez enfin la banane écrasée.

Creusez un puits au centre des ingrédients secs et versez-y rapidement la seconde préparation. Remuez vite et délicatement. Quand les ingrédients sont juste mélangés, sans vous inquiéter des éventuels grumeaux restants, versez la pâte à la cuillère dans les moules et enfournez pour 20 à 25 min. Les muffins sont prêts quand ils sont dorés, fermes au toucher et bien gonflés. Servez-les chauds ou après les avoir laissés refroidir sur une grille.

Voir variantes p. 60

Muesli

Pour 6 à 8 personnes

Ce délicieux muesli est de plus très rapide à préparer. Cuit au four avec de la cassonade et un mélange de noix et de graines, il dégage un arôme irrésistible.

280 g (1 ⅗ tasse) de flocons d'avoine
40 g (⅓ tasse) de graines de sésame
85 g (⅗ tasse) de graines de tournesol
85 g (⅗ tasse) de graines de citrouille
110 g (¾ tasse) de noix en mélange, hachées
60 g (¾ tasse) de noix de coco râpée,
non sucrée

85 g (⅖ tasse) de cassonade
15 cl (⅝ tasse) d'huile de tournesol
¼ de c. à t. de sel
1 c. à t. d'extrait de vanille

Préchauffez le four à 340 °F (175 °C).

Dans un grand saladier, mélangez les flocons d'avoine, les graines, les noix, la noix de coco et la cassonade. Dans un autre plus petit, fouettez l'huile avec 15 cl (⅝ tasse) d'eau, le sel et la vanille. Incorporez cette préparation aux ingrédients secs, mélangez bien, puis étalez dans un grand plat allant au four ou sur une plaque à pâtisserie. Enfournez pour 20 à 30 min, en remuant de temps à autre, jusqu'à ce que le muesli soit croustillant et doré. Sortez-le du four, laissez refroidir et conservez dans une boîte hermétique.

Voir variantes p. 61

Pain perdu caramel-noix de pécan

Pour 9 personnes

Voici un petit-déjeuner idéal pour les vacances, quand vous avez de nombreux invités.
Préparez-le la veille et réveillez tout le monde avec une délicieuse odeur de pain perdu.

230 g (1 ⅛ tasse) de cassonade
115 g (½ tasse) de beurre
2 c. à s. de sirop de sucre blanc
110 g (¾ tasse) de noix de pécan hachées
2 pains de mie aux graines (p. 126),
   coupés en 18 tranches
6 œufs, battus

35 cl (1 ⅓ tasse) de lait
1 c. à t. d'extrait de vanille
1 c. à s. de sucre
1½ c. à t. de cannelle moulue
½ c. à t. de noix muscade moulue
Sucre à glacer et sirop d'érable

Préparez le caramel : mélangez la cassonade, le beurre et le sirop dans une casserole
de taille moyenne. Faites chauffer en remuant, jusqu'à ce que l'ensemble soit fondu et
dissous. Versez dans un moule de 22 x 33 cm (9 à 13 po) et parsemez de la moitié des noix
de pécan. Disposez la moitié des tranches de pain sur une seule épaisseur sur le caramel,
parsemez du reste des noix de pécan et disposez le reste du pain par-dessus. Dans un grand
saladier, battez les œufs avec le lait et la vanille, puis versez ce mélange sur les tranches, en
pressant délicatement avec le dos d'une cuillère, pour bien imprégner le pain. Dans un bol,
mélangez le sucre, la cannelle et la muscade, et saupoudrez-en le pain. Couvrez et placez
18 à 24 h au réfrigérateur. Préchauffez le four à 340 °F (175 °C). Enfournez, sans couvrir,
pour 30 à 40 min. Quand le dessus est légèrement doré, sortez le plat du four et laissez
reposer 10 min. Pour servir, découpez des parts avec une spatule et retournez-les pour les
déposer dans les assiettes. Saupoudrez de sucre à glacer et accompagnez de sirop d'érable.

Voir variantes p. 62

Strata au jambon et au fromage

Pour 6 à 8 personnes

Ce plat fondant et nourrissant s'imposera sur la table de vos brunchs, tant il est pratique.
Vous pouvez le préparer 24 h à l'avance : une bonne idée pour les vacances !

Beurre
6 tranches épaisses de pain de mie
    aux graines (p. 126)
230 g (8 oz) de jambon en tranches
110 g (4 oz) de gruyère râpé
110 g (4 oz) de cheddar râpé

4 oignons verts, grossièrement hachés
6 gros œufs, légèrement battus
35 cl (1 ⅓ tasse) de lait
3 c. à s. de persil, fraîchement haché
1 c. à s. de moutarde de Dijon
1 c. à s. de sauce Worcestershire

Beurrez une cocotte de 2 litres (8 tasses) de contenance. Coupez les tranches de pain de mie
en cubes. Dans un saladier, mélangez le pain, le jambon, les fromages et les oignons. Ajoutez
les œufs, le lait, le persil, la moutarde et la sauce Worcestershire. Mélangez bien le tout.
Versez dans la cocotte, couvrez et placez 20 à 24 h au réfrigérateur.
Préchauffez le four à 340 °F (175 °C). Ôtez le couvercle de la cocotte et enfournez pour
45 min environ, jusqu'à ce que la lame d'un couteau enfoncée au centre en ressorte propre.
Laissez reposer 10 min avant de servir.

Voir variantes p. 63

Variantes

Pancakes au babeurre

Recette de base p. 21

Pancakes au babeurre et aux pépites de chocolat
Suivez la recette de base. Après avoir versé la pâte dans la poêle, parsemez
chaque pancake de quelques pépites de chocolat, en enfonçant légèrement
celles-ci dans la pâte.

Pancakes au babeurre, à la banane et aux noix
Suivez la recette de base. Après avoir versé la pâte dans la poêle, disposez
quelques rondelles de banane et des noix hachées sur chaque pancake,
en les enfonçant légèrement dans la pâte.

Pancakes au babeurre, aux cerises et à l'amande
Suivez la recette de base, en remplaçant l'extrait de vanille par de l'extrait
d'amande. Après avoir versé la pâte dans la poêle, ajoutez quelques cerises
dénoyautées et hachées, en les enfonçant légèrement dans la pâte. Servez
avec de la confiture de cerises réchauffée en guise de sauce, à la place du
sirop d'érable.

Pancakes à la noix de coco, sans lait
Suivez la recette de base, en remplaçant le babeurre par du lait de coco
ou d'amande, et le beurre par de la margarine sans lait.

Gaufres aux noix de pécan, sauce au caramel

Recette de base p. 22

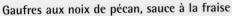

Gaufres aux noix de pécan, sauce à la fraise

Suivez la recette de base, en remplaçant la sauce au caramel par une sauce
à la fraise. Faites cuire à feu doux 160 g (1 tasse) de fraises fraîches hachées avec
70 g (⅓ tasse) de sucre et 1 c. à t. d'extrait de vanille pendant 10 min. Ôtez du
feu, réduisez en purée et ajoutez 40 g (¼ tasse) de fraises fraîches hachées.
Mélangez bien, laissez refroidir et placez au réfrigérateur. Servez chaud ou froid.

Gaufres aux dattes et aux noix, sauce au caramel

Suivez la recette de base, en remplaçant les noix de pécan par des noix.
Parsemez chaque gaufre de quelques dattes hachées et accompagnez
de la sauce au caramel.

Gaufres à la noix de coco, sauce à la cerise

Suivez la recette de base, en remplaçant les noix de pécan par de la noix de coco
râpée non sucrée. À la place de la sauce au caramel, proposez un pot de confiture
de cerises. Ajoutez une bonne cuillerée de crème fouettée, si vous le souhaitez.

Gaufres sans lait au gingembre, sirop d'érable

Suivez la recette de base, en supprimant la sauce. Remplacez le babeurre de
la pâte par du lait de coco et le beurre pour la cuisson par de l'huile de canola.
Ajoutez à la pâte 1 c. à t. de gingembre en poudre et autant de cannelle moulue.
Servez avec du sirop d'érable.

Variantes

Tarte aux pommes façon Tatin

Recette de base p. 25

Tarte aux pommes, à la cannelle et aux raisins secs
Suivez la recette de base, en ajoutant 1 c. à t. de cannelle moulue
et 1 c. à s. de raisins secs dans la poêle avec les pommes.

Tarte aux pommes, à la pêche et à l'amande
Suivez la recette de base, en remplaçant 1 pomme par 1 pêche et l'extrait
de vanille par de l'extrait d'amande.

Tarte aux pommes, à la poire et à l'ananas
Suivez la recette de base, en remplaçant 2 pommes par 1 poire pelée,
épépinée et coupée en lamelles, et 2 c. à s. d'ananas en conserve bien
égoutté ou frais, coupé en petits morceaux.

Tarte aux pommes et aux mûres
Suivez la recette de base, en remplaçant 1 pomme par 30 g (⅕ tasse) de
mûres fraîches.

Tarte aux pommes et aux noix, sans lait
Suivez la recette de base, en remplaçant le beurre par de la margarine sans
lait et le babeurre par du lait d'amande. Ajoutez 2 c. à s. de noix finement
hachées dans la pâte.

Variantes

Pain perdu aux amandes et aux fraises

Recette de base p. 26

Pain perdu aux amandes fourré aux bleuets
Suivez la recette de base, avec des tranches de 2,5 cm (1 po) d'épaisseur. Faites-y une entaille que vous remplirez de bleuets. Servez avec du sirop d'érable.

Pain perdu aux noix de pécan et aux pêches
Suivez la recette de base, en remplaçant les amandes par des noix de pécan hachées et les fraises par des pêches. Égouttez une boîte de 425 g (14 oz) de pêches au-dessus d'un saladier. Mélangez le sirop avec 1 c. à s. de fécule de maïs et portez à ébullition. Ajoutez les pêches coupées en morceaux et laissez refroidir.

Pain perdu aux amandes et aux bleuets
Suivez la recette de base, en remplaçant les fraises par 450 g (3 tasses) de bleuets. Ajoutez-les au sirop dans la casserole et laissez frémir 3 min avant de laisser refroidir.

Pain perdu aux amandes, sauce chocolat-caramel
Suivez la recette de base, en remplaçant la garniture de fraises par une sauce chocolat-caramel (p. 254).

Pain perdu sans lait aux amandes et au sirop d'érable
Suivez la recette de base, en utilisant la recette de brioche de la p. 128 dont vous remplacerez le lait par du lait de riz et le beurre par de l'huile de canola. Supprimez les fraises et servez parsemé d'amandes et accompagné de sirop d'érable.

Variantes

Œufs à la florentine

Recette de base p. 29

Œufs à la florentine, sauce hollandaise à la moutarde
Suivez la recette de base, en ajoutant 1 c. à t. de moutarde de Dijon
à la sauce hollandaise.

Œufs sur toast, sauce hollandaise
Suivez la recette de base, en remplaçant les épinards par 1 tranche
de bacon ou de jambon, légèrement revenue dans un peu de beurre,
posée sur chaque biscuit.

Œufs à la norvégienne
Suivez la recette de base, en remplaçant les épinards par 1 tranche
de saumon fumé disposée sur chaque biscuit.

Œufs à la façon du Maryland
Suivez la recette de base, en remplaçant les épinards par 1 galette
crabe-maïs (p. 97) posée sur chaque biscuit.

Tortillas à l'œuf et au fromage

Recette de base p. 30

Tortillas aux fruits
Suivez la recette de base, en supprimant les œufs, le poivron, l'oignon
et le fromage. Mélangez 230 g (8 oz) de fromage blanc, 110 g (½ tasse) de
fromage frais et 3 c. à s. d'abricots en conserve hachés. Répartissez la préparation
dans les tortillas. Préparez 340 g (12 oz) environ de votre fruit préféré et ajoutez-
les à vos tortillas. Enroulez bien serré et servez froid.

Tortillas à l'œuf, à la saucisse et à la pomme
Suivez la recette de base, en supprimant le beurre, le poivron et la moitié
du fromage. Faites cuire 170 g (6 oz) de chair à saucisse dans la poêle, sans
matière grasse, avant d'ajouter l'oignon et les œufs. Ajoutez 1 pomme coupée en
petits morceaux avec le fromage. Répartissez dans les tortillas et enroulez.

Tortillas à l'œuf, au bacon et au fromage
Suivez la recette de base, en supprimant le beurre. Faites revenir 6 tranches
de bacon haché dans la poêle avant d'ajouter le reste des ingrédients.

Tortillas œufs-épinards-feta, sans lait de vache
Suivez la recette de base, en supprimant le poivron, l'oignon et le fromage.
Ajoutez 30 g (½ tasse) d'épinards frais et 90 g (3 oz) de feta hachée
(normalement à base de lait de brebis ou d'un mélange de lait de brebis et de lait
de chèvre), et faites cuire 5 min. Répartissez dans les tortillas et enroulez.

Variantes

Mini-crêpes de pommes de terre au saumon fumé

Recette de base p. 32

Mini-crêpes fromage-pommes de terre à la saucisse
Suivez la recette de base, en ajoutant 60 g (2 oz) de cheddar râpé dans le mélange aux pommes de terre. Supprimez le saumon et servez avec des saucisses de porc (p. 34).

Mini-crêpes champignons-pommes de terre et œufs au plat
Suivez la recette de base, en ajoutant 60 g (4/5 tasse) de champignons hachés dans le mélange aux pommes de terre. Supprimez le saumon et servez avec 1 ou 2 œufs au plat par personne.

Mini-crêpes pomme-pommes de terre et crème sure
Suivez la recette de base, en remplaçant l'oignon par 1 pomme granny smith pelée, épépinée et râpée. Servez avec une bonne cuillerée de crème sure ainsi que le saumon, si vous le souhaitez.

Mini-crêpes sans lait coriandre-pommes de terre à la sauce tomate
Suivez la recette de base, en remplaçant le lait chaud par du lait de riz et en ajoutant 3 c. à s. de coriandre fraîchement hachée dans le mélange aux pommes de terre. À la place du saumon fumé, servez avec une sauce tomate.

Variantes

Galettes au fromage et à l'oignon

Recette de base p. 33

Galettes au fromage et au bacon
Suivez la recette de base, en supprimant l'huile végétale. Dans la poêle, faites dorer
4 tranches de bacon, haché, sans ajout de matière grasse. Quand il est croustillant,
ajoutez l'oignon. Au moment de retirer l'oignon et le bacon avec une écumoire
pour les laisser refroidir, ôtez l'huile pour n'en laisser que 1 c. à s. dans la poêle.

Galettes au fromage, au persil et aux pignons de pin
Suivez la recette de base, en ajoutant au mélange de farines 2 c. à s. de persil
fraîchement haché et 60 g (1/3 tasse) de pignons de pin.

Galettes au fromage, à l'oignon et aux flocons d'avoine
Suivez la recette de base, en remplaçant 2 c. à s. de farine de riz par 2 c. à s.
de flocons d'avoine.

Galettes au fromage, à l'oignon et au chorizo
Suivez la recette de base, en ajoutant au mélange de farines 170 g (6 oz) de
chorizo cuit en rondelles.

Galettes sans lait au fromage et aux champignons
Suivez la recette de base, en remplaçant le fromage et le lait par du fromage sans
lait et du lait de riz, et en ajoutant à l'oignon 60 g (4/5 tasse) de champignons
hachés.

Variantes

Saucisses de porc

Recette de base p. 34

Saucisses de gibier aux tomates séchées
Suivez la recette de base, en remplaçant le porc par de la viande de gibier
hachée. Supprimez le gingembre et ajoutez 4 c. à s. de tomates séchées,
égouttées et hachées.

Saucisses de porc au cresson
Suivez la recette de base, en ajoutant 110 g (3 tasses) de cresson finement
haché.

Saucisses de mouton au romarin
Suivez la recette de base, en remplaçant le porc par du mouton maigre
haché. Remplacez le gingembre et le macis par 2 c. à s. de romarin séché
haché.

Saucisses de bœuf à la moutarde
Suivez la recette de base, en remplaçant le porc par du bœuf maigre haché
et en ajoutant 2 c. à s. de moutarde de Dijon au mélange.

Saucisses bœuf et porc
Suivez la recette de base, en remplaçant la moitié du porc par du bœuf
maigre haché.

Variantes

Saucisse en biscuit au beurre de tomates séchées

Recette de base p. 37

Saucisse en biscuit au parmesan et au beurre d'anchois
Suivez la recette de base, en remplaçant les tomates séchées par 1 c. à s.
d'anchois en conserve égouttés et finement hachés. Servez dans des biscuits
au parmesan (p. 138).

Saucisse et œuf au plat en biscuit au beurre de tomates séchées
Suivez la recette de base, en ajoutant 1 œuf au plat dans chaque biscuit.

Saucisse à l'oignon en biscuit au beurre de pommes
Suivez la recette de base, en ajoutant 2 c. à s. de purée d'oignons dans
la chair à saucisse. Remplacez le beurre de tomates séchées par un beurre
de pommes : faites cuire 1 kg (2 lb) de pommes pelées et coupées en
morceaux avec 100 g (½ tasse) de sucre. Passez le tout au mixeur, puis
ajoutez 120 g (½ tasse) de beurre fondu. Passez de nouveau au mixeur.
Laissez refroidir.

Saucisse et fromage en biscuit au beurre de tomates séchées
Suivez la recette de base, en surmontant chaque pâté à la saucisse d'un peu
de votre fromage préféré.

Mini-muffins au fromage et au jambon

Recette de base p. 38

Mini-muffins au fromage et au maïs
Suivez la recette de base, en remplaçant le jambon par 40 g (⅕ tasse) de maïs en conserve égoutté.

Mini-muffins au fromage et à la tomate
Suivez la recette de base, en remplaçant le jambon par 2 tomates pelées, épépinées et hachées.

Mini-muffins au fromage et aux asperges
Suivez la recette de base, en remplaçant le jambon par 85 g (½ tasse) d'asperges cuites et coupées en petits morceaux.

Mini-muffins au fromage et à l'oignon vert
Suivez la recette de base, en remplaçant le jambon par 2 c. à s. d'oignons verts finement hachés.

Mini-muffins au fromage sans lait et à la courgette
Suivez la recette de base, en remplaçant le cheddar et le parmesan par du cheddar sans lait et le babeurre par du lait de coco. Remplacez le jambon par 2 c. à s. de courgette râpée.

Variantes

Muffins fraise-coco

Recette de base p. 41

Muffins à la pêche et aux noix de macadamia
Suivez la recette de base, en supprimant la noix de coco et les fraises.
Remplacez-les par 110 g (¾ tasse) de pêches fraîches pelées, dénoyautées et
coupées en petits morceaux, et 85 g (⅔ tasse) de noix de macadamia hachées.

Muffins à l'abricot et aux amandes
Suivez la recette de base, en supprimant la noix de coco, les fraises et l'extrait de
vanille. Remplacez-les par 110 g (¾ tasse) d'abricots frais ou en conserve, pelés,
dénoyautés et coupés en morceaux, 90 g (⅔ tasse) d'amandes hachées et 1 c. à t.
d'extrait d'amande.

Muffins aux pépites de chocolat, aux noix de pécan et à la noix de coco
Suivez la recette de base, en remplaçant les fraises par 170 g (6 oz) de pépites de
chocolat noir et 90 g (⅔ tasse) de noix de pécan hachées.

Muffins sans lait à la citrouille et aux noix
Suivez la recette de base, en supprimant le babeurre, la banane, la noix de coco
et les fraises. Remplacez-les par 10 cl (⅖ tasse) de lait de coco, 170 g (⅗ tasse)
de citrouille en conserve, 90 g (3 oz) de noix hachées, 1 c. à t. de cannelle moulue
et 1 c. à t. d'un mélange de cannelle, muscade et clou de girofle. Juste avant
d'enfourner, surmontez chaque muffin d'un cerneau de noix et, une fois les
muffins cuits, nappez d'un peu de sirop d'érable.

Muffins aux bleuets et au chocolat blanc

Recette de base p. 42

Muffins à l'orange et aux pépites de chocolat
Suivez la recette de base, en supprimant les bleuets et le chocolat blanc.
Remplacez-les par 2 c. à t. de zeste d'orange râpé et 170 g (6 oz) de pépites
de chocolat au lait ou par du chocolat au lait à l'orange râpé.

Muffins à la pomme et à la cannelle
Supprimez les bleuets et le chocolat blanc. Remplacez-les par 110 g (¾ tasse)
de pomme pelée, épépinée et râpée, et 1 c. à t. de cannelle en poudre.

Muffins à la cerise, à la noix de coco et au chocolat blanc
Supprimez les bleuets et un quart du chocolat blanc. Remplacez-les par
110 g (¾ tasse) de cerises dénoyautées et hachées, et 20 g (¼ tasse) de noix
de coco râpée.

Muffins à la carotte et à l'ananas
Supprimez les bleuets, le chocolat blanc et la banane. Remplacez-les par 85 g de
carotte finement râpée et 110 g (¾ tasse) d'ananas égoutté et réduit en purée.

Muffins sans lait aux framboises
Suivez la recette de base, en supprimant le beurre, le babeurre, les bleuets et
le chocolat blanc. Remplacez-les par de la margarine sans lait, du lait
de coco et 110 g (¾ tasse) de framboises fraîches.

Variantes

Muesli

Recette de base p. 45

Muesli aux fruits rouges et au sirop d'érable
Suivez la recette de base, en ajoutant 60 g (⅓ tasse) de fruits rouges séchés
juste à la sortie du four. Servez parsemé de framboises fraîches et arrosé
d'un filet de sirop d'érable.

Muesli au gingembre et à la cannelle
Suivez la recette de base, en ajoutant aux ingrédients secs 3 c. à t. de
gingembre en poudre et 1 c. à t. de cannelle moulue.

Muesli aux noix de macadamia
Suivez la recette de base, en remplaçant le mélange de noix par 60 g (½ tasse)
de noix de macadamia concassées et 85 g (¾ tasse) de raisins secs blonds.

Muesli aux pommes et aux amandes
Suivez la recette de base, en remplaçant le mélange de noix par des amandes
hachées et la vanille par de l'extrait d'amande. Ajoutez 170 g (6 oz)
d'anneaux de pommes séchées hachés juste à la sortie du four.

Muesli aux dattes et aux noix
Suivez la recette de base, en remplaçant le mélange de noix par des noix
hachées. Ajoutez 85 g (½ tasse) de dattes séchées hachées juste à la sortie
du four.

Variantes

Pain perdu caramel-noix de pécan

Recette de base p. 46

Pain perdu au caramel, à la banane et aux noix
Suivez la recette de base, en remplaçant les noix de pécan par des noix
et en ajoutant 2 bananes coupées en rondelles sur la première couche
de pain dans le moule.

Pain perdu au caramel, aux poires et aux pépites de chocolat
Suivez la recette de base, en ajoutant 60 g (2/5 tasse) de poire fraîche ou en
conserve, pelée, épépinée et coupée en morceaux, et 85 g (3 oz) de pépites
de chocolat noir sur la première couche de pain dans le moule.

Pain perdu au caramel, aux abricots et aux amandes
Suivez la recette de base, en remplaçant les noix de pécan par des amandes
effilées et l'extrait de vanille par de l'extrait d'amande. Ajoutez 60 g
(2/5 tasse) d'abricots en conserve, égouttés et coupés en petits morceaux,
sur la première couche de pain dans le moule.

Pain perdu sans lait, au caramel, à l'ananas et à la noix de coco
Suivez la recette de base, en remplaçant le beurre et le lait par autant
de margarine sans lait et du lait d'amande. Ajoutez 60 g (2/5 tasse) d'ananas
bien égoutté et réduit en purée, et 30 g (1/2 tasse) de noix de coco râpée
non sucrée sur la première couche de pain dans le moule.

Strata au jambon et au fromage

Recette de base p. 47

Strata au bacon et à la tomate
Suivez la recette de base, en remplaçant le jambon par du bacon cuit
et en ajoutant 4 tomates épépinées et coupées en petits morceaux.

Strata à la saucisse et au poivron
Suivez la recette de base, en remplaçant le jambon par de la saucisse cuite
et en ajoutant ½ poivron rouge émincé.

Strata mexicaine au piment
Suivez la recette de base, en remplaçant le jambon par du chorizo cuit coupé
en petits morceaux et en ajoutant 2 tomates épépinées et coupées en petits
morceaux, ainsi que 1 ou 2 piments finement hachés.

Strata à la chair de crabe
Suivez la recette de base, en remplaçant le jambon par 340 g (12 oz) de
chair de crabe fraîche ou en conserve.

Strata sans lait au thon à la niçoise
Suivez la recette de base, en remplaçant les fromages et le lait par 110 g (4 oz)
de cheddar sans lait et du lait de riz. Remplacez le jambon par 170 g (6 oz) de
thon en boîte égoutté et ajoutez 2 tomates épépinées et coupées en petits
morceaux, ainsi que quelques olives noires coupées en deux et dénoyautées.

Apéritifs
et entrées

Les plats présentés dans ce chapitre peuvent

se déguster en de très diverses occasions :

à l'apéritif, en entrée pour ouvrir l'appétit, mais

aussi en guise de déjeuner léger ou au dîner.

Bruschetta à la tomate

Pour 8 pièces

L'association de l'ail, du basilic, de l'huile d'olive et des tomates est typiquement méditerranéenne. Voici une entrée rapide à préparer.

6 à 7 tomates Roma	½ c. à t. de vinaigre de cidre
3 c. à s. d'oignon rouge, finement haché	Sel et poivre noir du moulin
2 grosses gousses d'ail, en purée	½ c. à t. de sucre
2 c. à s. de feuilles de basilic, fraîchement ciselées	4 petits pains moelleux (p. 116)
2 à 3 c. à s. d'huile d'olive	Quelques brins de coriandre ou de basilic frais

Pelez d'abord les tomates. Pour cela, incisez-en la peau et mettez-les dans un saladier. Couvrez-les d'eau bouillante et laissez reposer 3 min. Égouttez-les et ôtez-en la peau, avec précaution car elles peuvent être chaudes. Coupez-les en deux et épépinez-les du bout des doigts.

Hachez les tomates dans un saladier de taille moyenne. Ajoutez-y l'oignon, l'ail, le basilic, 1 c. à s. d'huile d'olive, le vinaigre de cidre, du sel, du poivre et le sucre. Mélangez bien. Couvrez et placez 1 h environ au réfrigérateur.

Préchauffez le gril. Coupez les petits pains en deux dans l'épaisseur. Badigeonnez chaque moitié de pain d'un peu d'huile d'olive au pinceau, puis faites-les légèrement dorer 1 min environ. Disposez-les dans un plat de service et recouvrez-les de la préparation à la tomate à l'aide d'une cuillère, en répartissant la garniture de façon égale. Parsemez de quelques brins de coriandre ou de basilic et servez aussitôt.

Voir variantes p. 94

Champignons farcis au bleu

Pour 4 personnes

Ces gros champignons farcis d'un mélange d'échalotes, de bleu et de chapelure sont cuits au four de façon que le fromage commence à légèrement gratiner. Vous pouvez les préparer à l'avance et les cuire au moment de les déguster.

6 gros champignons portobello
60 g (¼ tasse) de beurre
2 échalotes, finement hachées
170 g (6 oz) de bleu, émietté

30 g (¼ tasse) de chapelure ou de farine de maïs à gros grain
1 c. à s. de persil, fraîchement haché
Sel et poivre noir du moulin

Préchauffez le four à 340 °F (175 °C). Ôtez délicatement les pieds des champignons. Coupez les pieds en petits dés. Essuyez les chapeaux avec du papier absorbant humide.
Faites fondre la moitié du beurre dans une poêle de taille moyenne et mettez-y les pieds des champignons ainsi que les échalotes à cuire 5 à 7 min, jusqu'à ce qu'ils soient tendres. Retirez du feu et laissez tiédir 5 min. Ajoutez le bleu, la chapelure ou la farine, le persil, ainsi que du sel et du poivre selon votre goût.
Mettez le reste du beurre dans un plat peu profond allant au four et enfournez pour 3 min, le temps de le chauffer. Répartissez la préparation au bleu dans les chapeaux des champignons et disposez-les dans le plat. Faites cuire 20 min au four, jusqu'à ce que les champignons soient chauds à cœur et que la garniture commence à gratiner.

Voir variantes p. 95

Keftas à l'agneau

Pour 4 personnes

Roulées dans la menthe et le persil frais, ces délicieuses brochettes d'agneau peuvent être cuites au gril, dans une poêle-gril ou au barbecue.

500 g (1 lb) d'agneau maigre, haché
1 c. à t. de cumin en poudre
2 c. à t. de coriandre en poudre
1 c. à s. de coriandre, fraîchement hachée
3 c. à s. de menthe, fraîchement ciselée

1 c. à s. de farine de pois chiches
2 gousses d'ail, pressées
Sel et poivre noir du moulin
2 c. à s. de persil, fraîchement haché
Huile

Dans un saladier, mélangez à la main l'agneau, le cumin, la coriandre moulue, la coriandre hachée, 1 c. à s. de menthe, la farine, l'ail, le sel et le poivre. Veillez à ce que les fines herbes et les épices soient réparties de façon homogène. Formez 8 boulettes, puis donnez à chacune une forme ovale.

Enfilez-les sur 4 piques à brochettes en métal (2 boulettes sur chacune), en tassant bien la viande autour des piques. Dans une assiette, mélangez le persil et le reste de menthe. Huilez les brochettes au pinceau, et roulez-les dans le persil et la menthe. Réservez-les au réfrigérateur jusqu'au moment de les cuire.

Préchauffez le gril, la poêle-gril ou le barbecue. Saisissez les brochettes 3 à 4 min par face. Quand elles sont cuites à cœur, servez-les immédiatement avec du tzatziki (p. 96).

Voir variantes p. 96

Galettes de maïs

Pour 4 à 6 personnes

Vous avez très certainement dans votre cuisine tous les ingrédients nécessaires pour confectionner ces galettes, c'est pourquoi vous pouvez les préparer à la dernière minute. Croustillantes à l'extérieur et d'une texture onctueuse à l'intérieur, elles pourront être accompagnées d'une sauce au piment doux (p. 194).

340 g (1 ½ tasse) de maïs en conserve, égoutté
2 œufs, légèrement battus
1 grosse banane, écrasée
4 c. à s. d'oignons verts, hachés
1 c. à t. de cumin en poudre
1 c. à s. de coriandre, fraîchement hachée
½ c. à t. de piment rouge séché en poudre

Sel et poivre noir du moulin
70 g (2/5 tasse) de farine de riz blanc
65 g (2/5 tasse) de farine de riz complet
1 c. à t. de levure chimique
4 à 6 c. à s. d'huile végétale
Feuilles d'épinards, dés de tomate
    et sauce pimentée

Mettez le maïs, les œufs et la banane écrasée dans un saladier. Ajoutez les oignons verts, le cumin, la coriandre et le piment, puis salez et poivrez. Incorporez les farines et la levure, et remuez doucement jusqu'à obtenir une pâte aérée.

Faites chauffer l'huile dans une grande poêle. Quand elle est chaude, mais avant qu'elle ne fume, versez-y des cuillerées de pâte, une par une, et faites-les cuire 1 à 2 min par face, jusqu'à ce qu'elles soient dorées. Retirez les galettes de la poêle à l'aide d'une écumoire et égouttez-les sur du papier absorbant. Réservez-les au chaud le temps de cuire les autres. Pour le service, disposez dans un plat quelques feuilles d'épinards et des dés de tomate, puis posez les galettes dessus et proposez un petit bol de sauce au piment doux en accompagnement.

Voir variantes p. 97

Falafels au tzatziki

Pour 4 à 6 personnes

Cette entrée basses calories offre un cœur fondant sous une croûte bien croustillante. Les falafels sont particulièrement savoureux avec du tzatziki, une sauce au yogourt et à la menthe.

500 g (18 oz) de pois chiches en conserve, égouttés
1 oignon moyen, finement haché
2 gousses d'ail, pressées
½ c. à t. de harissa
3 c. à s. de persil, fraîchement haché

1 c. à t. de coriandre en poudre
1 c. à t. de cumin en poudre
2 c. à s. de farine de pois chiches
Sel et poivre noir du moulin
Huile végétale

Épongez les pois chiches sur du papier absorbant. Mettez tous les ingrédients, à l'exception de l'huile, dans le mixeur et actionnez jusqu'à obtenir un mélange homogène. (Vous pouvez aussi écraser les pois chiches dans un saladier, à la fourchette, avant de les mélanger avec le reste des ingrédients.) Formez des boulettes avec la préparation.

Versez environ 8 cm (3 ½ po) d'huile dans une casserole de taille moyenne. Quand l'huile est chaude, mais avant qu'elle ne fume, faites-y frire les falafels 3 à 4 min, jusqu'à ce qu'ils soient dorés. Égouttez-les 2 min sur du papier absorbant. Servez avec du tzatziki (p. 96).

Voir variantes p. 98

Soupe épicée carotte-courge

Pour 6 personnes

Rien ne vaut une bonne soupe chaude et épicée lorsque l'automne se fait froid.
Même sa couleur est tout à fait de saison !

1 courge butternut de taille moyenne
2 grosses carottes
2 c. à s. d'huile d'olive
1 gros oignon, finement haché
3 gousses d'ail, pressées
1 c. à t. de cumin en poudre

2 c. à s. de feuilles de thym fraîches
2 c. à t. de piment rouge séché en poudre
1 litre de bouillon de volaille de bonne qualité
Sel et poivre noir du moulin
2 c. à s. de parmesan râpé

Épluchez la courge, ôtez-en les pépins et coupez-en la chair en morceaux de 2,5 cm (1 po).
Pelez les carottes et coupez-les en rondelles. Réservez.
Faites chauffer l'huile d'olive dans une grande casserole placée sur feu moyen. Mettez-y
l'oignon et l'ail à cuire 5 min, le temps qu'ils soient tendres. Incorporez le cumin, le thym,
le piment, la courge, la carotte et le bouillon de volaille. Couvrez et laissez frémir 45 min,
jusqu'à ce que les légumes soient tendres.
Salez et poivrez selon votre goût. Laissez légèrement tiédir, puis mixez au blender pour
obtenir une soupe lisse. Au moment de servir, réchauffez la soupe dans la casserole.
Servez-la aussitôt, bien chaude, parsemée de parmesan.

Voir variantes p. 99

Croquettes de riz au fromage

Pour 12 croquettes

Ces petites croquettes fondent tout simplement dans la bouche.

250 g (1 ⅓ tasse) de riz long grain
1 c. à s. d'huile d'olive + un peu pour la poêle
6 ciboules, émincées
170 g (6 oz) de cheddar râpé

1 c. à t. de moutarde de Dijon
Sel et poivre noir du moulin
50 g (⅓ tasse) de farine de riz
Ciboule hachée

Versez le riz dans une grande casserole, couvrez d'eau et portez à ébullition. Laissez frémir doucement pendant 10 min. Égouttez, mais ne rincez pas le riz, car il doit rester un peu collant. Réservez.

Faites chauffer 1 c. à s. d'huile dans une grande poêle et mettez-y les ciboules à cuire 2 min, jusqu'à ce qu'elles soient tendres. Retirez la poêle du feu et, à l'aide d'une écumoire, transférez les ciboules dans un saladier. Ajoutez le riz, le fromage et la moutarde de Dijon, puis salez et poivrez.

Dans une assiette, mélangez la farine avec du sel et du poivre. Dans le creux de vos mains mouillées, formez 12 croquettes avec le mélange de riz cuit, puis roulez-les dans la farine pour les en recouvrir. Ajoutez un peu d'huile dans la poêle et faites cuire les croquettes en plusieurs fois, sur feu moyen, quelques minutes par face, jusqu'à ce qu'elles soient dorées et cuites à cœur. Égouttez-les sur du papier absorbant et réservez-les au chaud le temps de cuire le reste. Servez parsemé d'un peu de ciboule hachée.

Voir variantes p. 100

Quesadillas au fromage et au chorizo

Pour 5 quesadillas

Chaque bouchée est une explosion de saveurs. Préparez-en une bonne quantité, car ces quesadillas disparaîtront très vite !

110 g (4 oz) de mozzarella râpée
110 g (4 oz) de gouda râpé
230 g (8 oz) de chorizo, sans la peau, coupé en petits dés
4 ciboules, finement hachées

2 piments rouges frais, épépinés et finement hachés
Sel et poivre noir du moulin
10 tortillas de maïs
1 c. à s. d'huile végétale + un peu si nécessaire
Crème sure et sauce à l'avocat (p. 100)

Mettez les fromages, le chorizo, les ciboules et le piment dans un saladier. Salez et poivrez. Répartissez le mélange dans 5 tortillas et recouvrez chacune d'une autre tortilla.
Faites chauffer 1 c. à s. d'huile dans une grande poêle. Quand elle est chaude, mais avant qu'elle ne fume, mettez-y 1 quesadilla à cuire 5 min environ, en appuyant dessus avec une spatule. Le dessous doit être croustillant et légèrement bruni. Retournez la quesadilla et faites cuire l'autre face jusqu'à ce que le fromage soit bien fondu. Retirez-la de la poêle et réservez-la au chaud le temps de cuire les autres, en ajoutant de l'huile dans la poêle si nécessaire. Servez avec de la crème sure et la sauce à l'avocat.

Voir variantes p. 101

Tempura au saumon

Pour 4 à 6 personnes

Pour réaliser ce plat aux accents japonais, la pâte doit être légère et aérienne, croustillante et non grasse. Préparez-la juste au moment de l'utiliser.

Pour la sauce
6 cl (¼ tasse) de sauce soya
6 cl (¼ tasse) de vin de riz chinois (mirin)
1 c. à t. de sauce au raifort

230 g (8 oz) de filet de saumon,
    sans peau ni arêtes
Sel et poivre noir du moulin
60 g (½ tasse) de fécule de maïs
70 g (⅓ tasse) de farine de riz
    + 35 g (⅕ tasse) pour le saumon
25 cl (1 tasse) d'eau gazeuse glacée
Huile de tournesol

Préparez la sauce en mélangeant la sauce soya, le mirin et la sauce au raifort dans un bol. Réservez.

Coupez le saumon en morceaux de la taille de bouchées. Salez et poivrez. Dans un saladier, mélangez la fécule de maïs, la farine de riz et du sel. Ajoutez juste ce qu'il faut d'eau gazeuse pour obtenir une pâte épaisse. Ne mélangez pas trop longtemps et ne vous inquiétez pas s'il reste de petits grumeaux.

Versez environ 8 cm (3 po) d'huile dans une grande sauteuse ou un wok et faites chauffer, sans laisser fumer. Trempez d'abord le saumon dans la farine de riz, puis dans la pâte. Plongez-le ensuite dans l'huile. N'en mettez pas trop à la fois dans la poêle, et laissez cuire 2 à 3 min. Sortez le saumon avec une écumoire et réservez-le au chaud le temps de cuire le reste. Servez avec la sauce en accompagnement.

Voir variantes p. 102

Bhajias à l'oignon et à la farine de pois chiches

Pour 4 personnes

Ces beignets peuvent composer l'entrée d'un repas indien, mais aussi se déguster à l'apéritif avant n'importe quel type de plat.

2 c. à t. de graines de cumin	230 g (8 oz) de farine de pois chiches
2 c. à t. de graines de coriandre	1 c. à t. de curcuma en poudre
2 piments verts, hachés	2 gros oignons, finement émincés
3 gousses d'ail, pressées	3 grosses courgettes, grossièrement râpées
1 c. à t. de sel	2 à 3 c. à s. d'eau glacée
2 c. à t. de gingembre frais, finement haché	Huile de canola

Écrasez les graines de cumin et de coriandre à l'aide d'un mortier et d'un pilon ou bien avec le dos d'une cuillère. Dans un saladier, mélangez la poudre obtenue avec les piments, l'ail, le sel, le gingembre, la farine, le curcuma, les oignons et les courgettes. Incorporez ensuite suffisamment d'eau glacée pour obtenir une préparation lisse et coulante : elle doit rester épaisse, mais tomber de la cuillère en grosses gouttes. N'ajoutez pas trop d'eau, sinon les bhajias seront difficiles à frire.

Faites chauffer 8 cm (3 po) d'huile dans une sauteuse de taille moyenne. Quand elle est chaude, mais avant qu'elle ne fume, versez-y la pâte, cuillerée par cuillerée, et faites cuire 5 min, le temps que les bhajias soient bien dorés. N'en mettez pas trop à cuire à la fois. Retirez-les de la casserole avec une écumoire et laissez-les égoutter sur du papier absorbant. Réservez au chaud le temps de cuire le reste. Servez avec du tzatziki (p. 96).

Voir variantes p. 103

Tarte aux champignons et à la crème fraîche

Pour 4 à 6 personnes

Champignons, oignons et ail forment une belle association, qui se révèle encore meilleure avec de la crème fraîche.

1 pâte à tarte SG de 20 cm (8 po) de diamètre (p. 17)
5 c. à s. de beurre
2 gros oignons, émincés
60 g (1/3 tasse) de cassonade
6 c. à s. de vinaigre de vin rouge
2 gousses d'ail, pressées

350 à 450 g (12 à 16 oz) de champignons sauvages et de culture en mélange, émincés (shiitake, pleurotes, champignons de Paris et rosés des prés, par exemple)
3 c. à s. de persil, fraîchement haché
4 œufs, légèrement battus
25 cl (1 tasse) de crème fraîche
Sel et poivre noir du moulin

Faites cuire la pâte à blanc dans un moule à tarte cannelé à fond amovible de 20 cm (8 po) de diamètre (15 à 20 min à 410 °F – 210 °C). Pendant ce temps, préparez la garniture. Faites fondre 3 c. à s. de beurre dans une grande poêle et mettez-y les oignons à revenir 20 min sur feu moyen. Augmentez le feu et faites cuire encore 8 à 10 min, jusqu'à ce qu'ils soient légèrement dorés. Incorporez le sucre et le vinaigre, et laissez frémir 5 min, jusqu'à ce que le vinaigre ait réduit et que la préparation soit confite. Retirez du feu et réservez.
Faites fondre le reste de beurre dans une autre poêle, et mettez-y l'ail et les champignons à cuire doucement 5 min, en remuant de temps en temps. Retirez du feu et ajoutez le persil. Laissez reposer 5 min. Baissez le four à 375 °F (190 °C) et répartissez les oignons sur la pâte. Égouttez les champignons et disposez-les sur les oignons.

Dans un saladier, battez les œufs et la crème fraîche, jusqu'à obtention d'une consistance lisse. Salez et poivrez généreusement, puis versez délicatement sur la pâte. Jetez l'éventuel excédent de crème. Enfournez pour 25 min. Quand la garniture est dorée et prise, laissez tiédir légèrement, démoulez et servez aussitôt.

Voir variantes p. 104

Croquettes de poisson

Pour 4 personnes

Des croquettes de poisson réussies recèlent un cœur moelleux sous une croûte croustillante. Elles sont à la fois nourrissantes, peu caloriques et bon marché.

230 g (8 oz) de filet de cabillaud,
    sans peau ni arêtes
230 g (8 oz) de filet d'aiglefin,
    sans peau ni arêtes
25 cl (1 tasse) de lait
2 ou 3 feuilles de laurier
350 g (12 oz) de pommes de terre
1 c. à s. de crème épaisse

1 c. à t. de zeste de citron
2 c. à s. de persil, finement haché
Sel et poivre noir du moulin
35 g ($\frac{1}{5}$ tasse) de farine de riz
1 œuf, battu
130 g (1 tasse) de farine de maïs à gros grain
4 c. à s. d'huile végétale
Cresson, quartiers de citron et mayonnaise

Mettez le poisson dans une grande sauteuse, ajoutez le lait et les feuilles de laurier, couvrez et portez à ébullition. Baissez le feu et laissez frémir 5 min. Retirez du feu et laissez reposer 5 min. Sortez le poisson du lait à l'aide d'une écumoire et laissez-le tiédir dans une assiette. Pendant ce temps, pelez les pommes de terre et coupez-les en morceaux. Mettez-les dans une grande casserole, couvrez-les d'eau bouillante et laissez frémir 15 min environ, jusqu'à ce qu'elles soient tendres. Égouttez et laissez refroidir 2 à 3 min dans la passoire. Remettez-les dans la casserole et faites-les sécher 2 min sur le feu le plus doux possible. Écrasez-les à la fourchette, jusqu'à obtention d'une consistance légère et aérée. Incorporez la crème, le zeste de citron et le persil. Salez et poivrez généreusement.

Essuyez le poisson avec du papier absorbant et émiettez-le grossièrement dans les pommes de terre. Incorporez-le légèrement, sans trop l'écraser. Laissez refroidir.

Mettez la farine de riz dans une grande assiette, l'œuf dans une autre et la farine de maïs dans

une troisième. Saupoudrez vos mains de farine de riz et formez 4 croquettes de poisson de 2,5 cm (1 po) d'épaisseur environ. Roulez-les d'abord dans la farine de riz, puis dans l'œuf, et enfin dans la farine de maïs, en appuyant cette dernière sur les croquettes pour bien la faire adhérer de tous côtés. Transférez dans une assiette propre, couvrez et placez 30 min à 24 h au réfrigérateur. Faites chauffer l'huile végétale dans une grande poêle. Quand elle est chaude, mais avant qu'elle ne fume, mettez-y les croquettes de poisson à frire 5 min par face environ, jusqu'à ce qu'elles soient dorées et croustillantes.

Servez aussitôt les croquettes avec du cresson (assaisonné ou non), des quartiers de citron et de la mayonnaise.

Voir variantes p. 105

Soufflé au fromage

Pour 4 à 6 personnes

Ce soufflé au fromage convient bien pour un déjeuner léger ou une entrée. Préparez-le rapidement et dégustez-le tout aussi vite.

2 c. à s. de beurre + un peu de beurre fondu
    pour le moule
2 c. à s. de farine de riz
15 cl (⅝ tasse) de lait chaud

60 g (2 oz) de cheddar râpé
½ c. à t. de moutarde de Dijon
Sel et poivre noir du moulin
3 œufs + 1 blanc d'œuf

Étalez du beurre fondu avec un pinceau au fond d'un moule à soufflé de 15 cm (6 po) de diamètre ou de 1 litre. Coupez une bande de papier sulfurisé doublé, de 2 à 8 cm (⅘ à 2 po) plus haute que le moule et suffisamment longue pour en faire le tour, en faisant se chevaucher les extrémités sur 3 à 5 cm (1 à 2 po). Fixez-la bien autour du moule. Étalez du beurre sur le papier qui dépasse en hauteur. Préchauffez le four à 375 °F (190 °C).

Faites fondre le beurre dans une grande casserole, incorporez-y la farine et faites cuire 2 min en remuant. Retirez du feu et versez le lait tout doucement, sans cesser de remuer, jusqu'à ce qu'il soit bien mélangé. Remettez la casserole sur le feu et portez doucement à ébullition, puis laissez épaissir sans cesser de tourner. Baissez le feu et ajoutez le fromage, la moutarde, le sel et le poivre. Retirez du feu et laissez refroidir.

Incorporez les 3 jaunes d'œufs à la préparation. Placez une plaque à mi-hauteur du four. Dans un saladier propre, battez les 4 blancs d'œufs en neige ferme. Ajoutez 2 c. à s. de blanc d'œuf à la sauce refroidie à l'aide d'une cuillère en métal, pour la détendre, puis incorporez le reste des blancs, en formant des 8 avec la cuillère et en ramenant le mélange du fond de la casserole vers le dessus. Versez la préparation dans le moule à soufflé, placez celui-ci sur la plaque et laissez cuire 30 à 35 min, jusqu'à ce que le soufflé soit pris et doré. Servez.

Voir variantes p. 106

Poulet satay

Pour 6 personnes

Si vous cherchez une façon originale de cuisiner le poulet, cette recette est faite pour vous. La sauce à la cacahuète est relevée sans être trop épicée, et vous pouvez cuire le poulet au barbecue ou au gril, comme vous le souhaitez.

Pour le poulet

3 blancs de poulet sans peau ni os
1 c. à s. de miel
1 c. à s. de sauce soya
1 pincée de poivre de Cayenne
1 gousse d'ail, pressée
1 c. à t. de gingembre frais, finement haché

Pour la sauce à la cacahuète

2 gousses d'ail, pressées
2 c. à t. de gingembre frais, finement haché
1 c. à t. de cumin en poudre
1 c. à t. de coriandre en poudre
2 c. à s. de jus de citron vert, fraîchement pressé
2 c. à s. de cassonade blonde
1 c. à t. de pâte de piment rouge
230 g (⅘ tasse) de beurre de cacahuètes
    sans morceaux

Coupez le poulet en lanières et réservez. Dans un saladier, mélangez le miel, la sauce soya, le poivre, l'ail et le gingembre. Ajoutez-y le poulet et remuez, couvrez, puis placez au réfrigérateur au moins 1 h. Pour réaliser la sauce, mettez tous les ingrédients dans le mixeur avec 2 c. à s. d'eau et actionnez plusieurs fois pour bien mélanger le tout. Si la sauce semble trop épaisse, ajoutez un peu d'eau. Transférez dans un bol, couvrez et placez au frais. Préchauffez le gril. Sortez le poulet de la marinade et enfilez les morceaux sur des piques à brochettes, en les enroulant en forme de S. Placez-les à 8 cm (3 po) environ du gril et saisissez-les 3 à 4 min environ par face, jusqu'à ce que la viande soit cuite à cœur mais encore tendre. Servez immédiatement avec la sauce à la cacahuète.

Voir variantes p. 107

Terrine de maquereau fumé

Pour 4 personnes

Le maquereau est un poisson savoureux et riche en acides gras oméga-3, qui sont bons pour la santé. Dosez la sauce au raifort selon votre goût, car certaines sont plus fortes que d'autres.

3 filets (230 g / 8 oz environ) de maquereau
   fumé, sans peau ni arêtes
70 g (2 ½ oz) de fromage frais
70 g (⅓ tasse) de crème sure

1 c. à s. de jus de citron ou selon votre goût
2 c. à t. de sauce au raifort ou selon votre goût
Sel et poivre noir du moulin
Pain de mie aux graines (p. 126)

Vérifiez soigneusement qu'il ne reste pas d'arêtes dans le poisson. Mettez le poisson, le fromage frais, la crème sure, le jus de citron et la sauce au raifort dans le bol du mixeur, et actionnez plusieurs fois, jusqu'à ce que tout soit bien mélangé. Salez, poivrez et ajoutez un peu de jus de citron ou de sauce au raifort selon votre goût. Transférez dans un bol de service, couvrez et placez au réfrigérateur, durant 4 h à 4 jours. Pour servir, étalez cette terrine sur des tranches de pain grillées.

Voir variantes p. 108

Aubergines farcies au crabe

Pour 4 personnes

Étonnez vos amis avec ces aubergines farcies d'un mélange d'oignon, de tomate et de chair de crabe, qui composeront une entrée ou un déjeuner léger des plus originaux.

2 aubergines (d'environ 15 cm/6 po de long)
Sel
2 c. à s. d'huile végétale
2 oignons moyens, finement émincés
2 c. à t. de paprika
1 c. à s. de pâte de tomates
230 g (8 oz) de tomates bien mûres, pelées,
    épépinées et coupées en rondelles

1 c. à t. d'origan séché
1 pincée de poivre de Cayenne
Poivre noir du moulin
170 à 200 g (6 à 7 oz) de chair de crabe,
    fraîche ou en conserve
2 c. à s. de parmesan râpé
2 c. à s. de gruyère râpé
1 à 2 c. à s. de beurre, fondu

Coupez les aubergines en deux dans la longueur, incisez-en la chair, saupoudrez de sel et laissez dégorger 30 min. Préchauffez le four à 340 °F (175 °C). Faites chauffer 1 c. à s. d'huile dans une grande poêle. Séchez les aubergines, faites-en dorer la face coupée dans la poêle, retirez-les et placez-les sur une plaque huilée. Enfournez-les pour 10 min environ, jusqu'à ce qu'elles soient tendres. Ajoutez un peu d'huile dans la poêle et faites-y cuire les oignons 5 min, jusqu'à ce qu'ils soient bien tendres. Ajoutez le paprika, la pâte de tomates, les tomates, l'origan et le poivre de Cayenne. Salez et poivrez, et faites cuire sur feu doux 10 à 15 min, jusqu'à ce que la préparation ait la consistance d'une pâte.

Sortez les aubergines du four et montez à 425 °F (220 °C). À la cuillère, ôtez la chair des aubergines, hachez-la et ajoutez-la dans la poêle. Faites cuire 5 min. Émiettez le crabe dans la poêle et mélangez. Farcissez les peaux des aubergines de cette préparation, saupoudrez des deux fromages et versez le beurre. Enfournez pour 6 à 7 min, jusqu'à ce qu'elles soient dorées.

Voir variantes p. 109

Variantes

Bruschetta à la tomate

Recette de base p. 65

Bruschetta aux tomates variées et à la coriandre
Suivez la recette de base, en remplaçant les tomates roma par des tomates
de couleurs diverses : jaunes, vertes et orange. N'utilisez que de la coriandre.

Bruschetta à la tomate, au thon et aux olives
Suivez la recette de base, en ajoutant 60 g (2 oz) de thon en conserve
égoutté et 2 c. à s. d'olives noires, dénoyautées et hachées, dans la
préparation à la tomate.

Bruschetta à la mexicaine
Suivez la recette de base, en ajoutant 2 piments moyens, épépinés
et finement hachés, dans la préparation à la tomate. N'utilisez que
de la coriandre.

Bruschetta à la tomate et au jambon
Suivez la recette de base, en ajoutant 1 petite tranche de jambon
sur chaque bruschetta avant de répartir la préparation à la tomate.

Variantes

Champignons farcis au bleu

Recette de base p. 66

Champignons farcis au bleu et aux épinards
Suivez la recette de base, en ajoutant 40 g (¼ tasse) d'épinards cuits hachés à la préparation dans la poêle.

Champignons farcis au bleu, sauce aux canneberges
Suivez la recette de base. Pour réaliser la sauce aux canneberges, mélangez dans une casserole moyenne 2 c. à s. d'huile d'olive, 1 petit oignon rouge finement haché, 3 c. à s. de vin rouge, 1 c. à s. de vinaigre de cidre, 7 c. à s. de cassonade, 1 c. à s. de gelée de groseille et 60 g (½ tasse) de canneberges. Faites cuire 7 min. Servez chaud ou froid.

Champignons farcis au bleu et parfumés à la truffe
Suivez la recette de base, en remplaçant l'huile d'olive par une huile parfumée à la truffe.

Champignons farcis au bleu et au jambon de Parme
Suivez la recette de base, en ajoutant 60 g (2 oz) de jambon de Parme haché à la préparation dans la poêle.

Champignons farcis au bleu et aux tomates séchées
Suivez la recette de base, en ajoutant 60 g (2 oz) de tomates séchées hachées à la préparation dans la poêle.

Variantes

Keftas à l'agneau

Recette de base p. 69

Keftas à l'agneau, au curcuma et au paprika
Suivez la recette de base, en remplaçant le cumin et la coriandre en poudre par 2 c. à t. de curcuma moulu et 1 c. à t. de paprika.

Keftas à l'agneau et au tzatziki
Suivez la recette de base. Servez les keftas avec du tzatziki, que vous réaliserez en mélangeant 340 g (1 ½ tasse) de yogourt à la grecque et ½ concombre grossièrement râpé, ainsi que 2 gousses d'ail pressées, 1 c. à s. de jus de citron, 1 c. à s. de menthe fraîchement ciselée et 1 c. à t. d'huile d'olive. Vous pouvez le préparer à l'avance et le conserver au réfrigérateur, ou bien le déguster aussitôt.

Keftas à l'agneau et aux raisins secs
Suivez la recette de base, en ajoutant 2 c. à s. de raisins secs dans la préparation à l'agneau.

Keftas au bœuf
Suivez la recette de base, en remplaçant l'agneau par du bœuf maigre haché. Formez 10 à 12 boulettes avec la préparation, faites chauffer 2 c. à s. d'huile d'olive dans une grande poêle et mettez-y les boulettes à frire 15 min environ, jusqu'à ce qu'elles soient cuites à cœur. Servez avec du tzatziki (voir plus haut) et du riz, si vous le souhaitez.

Galettes de maïs

Recette de base p. 70

Galettes crabe-maïs
Suivez la recette de base, en remplaçant 85 g (3 oz) de maïs par autant de crabe frais ou en conserve. Remplacez la coriandre par du persil.

Galettes maïs-avocat
Suivez la recette de base, en remplaçant la banane par un avocat bien mûr, épluché, dénoyauté et coupé en petits morceaux.

Galettes de petits pois
Suivez la recette de base, en remplaçant le maïs par des petits pois surgelés.

Galettes maïs-poivron
Suivez la recette de base, en ajoutant à la préparation, avant cuisson, 1 c. à s. de poivron rouge coupé en dés fins et autant de poivron vert.

Galettes de maïs thaïes
Suivez la recette de base, en ajoutant à la préparation, avant cuisson, 1 c. à t. de gingembre fraîchement haché et 2 c. à t. de pâte de curry rouge thaï.

Variantes

Falafels au tzatziki

Recette de base p. 73

Croquettes de pois chiches à la coriandre
Suivez la recette de base, en remplaçant le persil par de la coriandre. Formez des croquettes à la place des boulettes et faites-les frire 3 à 4 min par face. Servez enveloppé dans des tortillas de maïs, avec de petits dés de concombre et de tomate.

Croquettes de pois chiches au houmos
Suivez la recette de base. Préparez un houmos en égouttant 1,5 kg (3 lb) de pois chiches en conserve, en réservant le jus. Mixez les pois chiches avec 6 cl (¼ tasse) de leur jus, 4 c. à s. de jus de citron, 4 c. à t. de pâte de tahina, 2 gousses d'ail pressées, 2 c. à t. de paprika, ½ c. à t. de sel et 3 à 4 c. à s. d'huile d'olive. Supprimez le tzatziki.

Falafels aux pignons de pin
Suivez la recette de base, en ajoutant 40 g (⅓ tasse) de pignons de pin à la préparation.

Falafels aux fèves
Suivez la recette de base, en remplaçant les pois chiches par des fèves et le persil par de la coriandre fraîche.

Variantes

Soupe épicée carotte-courge

Recette de base p. 74

Soupe épicée courge-pomme de terre
Suivez la recette de base, en ajoutant 230 g (8 oz) de pommes de terre
pelées et coupées en petits morceaux dans la casserole, avec les légumes.

Soupe épicée courge-panais au curry
Suivez la recette de base, en ajoutant 1 ou 2 panais pelés et coupés en petits
dés ainsi que 2 c. à t. de curry en poudre dans la poêle, avec les légumes.
Remplacez le parmesan par de la coriandre fraîchement hachée.

Soupe épicée à la courge et mouillettes au fromage
Suivez la recette de base. Préparez des mouillettes au fromage en étalant
25 cl (1 tasse) de sauce au fromage (p. 224) sur du pain de mie aux graines
grillé (p. 126). Parsemez d'une bonne quantité de cheddar râpé et faites
dorer sous le gril. Coupez en bâtonnets et servez chaud avec la soupe.

Soupe épicée courge-pâtes
Suivez la recette de base. Vingt minutes avant la fin de la cuisson, ajoutez
110 g (4 oz) de pâtes sèches dans la casserole. Servez sans mixer.

Variantes

Croquettes de riz au fromage

Recette de base p. 77

Croquettes de riz pimentées au fromage
Suivez la recette de base, en ajoutant 2 c. à s. de coriandre fraîchement hachée et 1 piment finement haché dans la préparation.

Croquettes de riz au fromage et aux crevettes
Suivez la recette de base, en ajoutant 90 g (3 oz) de crevettes cuites et coupées en petits morceaux dans la préparation.

Croquettes de riz au fromage, sauce à l'avocat
Suivez la recette de base et servez avec une sauce à l'avocat. Mélangez la chair d'un avocat coupée en dés avec 2 tomates pelées, épépinées et coupées en dés, ½ petit oignon rouge haché, 1 c. à s. de coriandre hachée, 2 c. à s. de jus de citron vert, 1 pincée de piment rouge en poudre, 1 c. à t. de sel, 1 c. à t. de sucre et du poivre du moulin. Servez aussitôt.

Croquettes de riz au fromage et à l'asperge
Suivez la recette de base, en ajoutant 90 g (½ tasse) d'asperges cuites et coupées en petits morceaux dans la préparation.

Croquettes de riz au fromage et à la tomate
Suivez la recette de base, en ajoutant 1 tomate pelée, épépinée et coupée en petits dés dans la préparation.

Variantes

Quesadillas au fromage et au chorizo

Recette de base p. 79

Quesadillas au fromage et aux haricots
Suivez la recette de base, en remplaçant le chorizo par 170 g (1 tasse) de haricots noirs.

Quesadillas aux épinards et aux champignons
Suivez la recette de base, en supprimant le chorizo. Remplacez-le par 90 g (½ tasse) d'épinards cuits, refroidis et hachés, et autant de champignons hachés revenus pendant 5 min dans un peu de beurre.

Quesadillas au fromage de chèvre et aux asperges
Suivez la recette de base, en supprimant la mozzarella et le chorizo. Remplacez-les par 110 g (4 oz) de fromage de chèvre haché et 170 g (1 tasse) d'asperges cuites et coupées en petits morceaux.

Quesadillas au poulet et à la mangue
Suivez la recette de base, en remplaçant le chorizo par du poulet cuit coupé en petits morceaux. Ajoutez 60 g (⅖ tasse) de mangue bien mûre coupée en petits dés.

Quesadillas au fromage et aux oignons caramélisés
Suivez la recette de base, en supprimant le chorizo. Faites doucement revenir 2 oignons émincés dans 2 c. à s. d'huile pendant 20 min environ, puis ajoutez 3 c. à s. de cassonade et laissez cuire encore 10 min, jusqu'à ce que les oignons soient caramélisés. Ajoutez-les aux quesadillas.

Variantes

Tempura au saumon

Recette de base p. 80

Tempura aux crevettes
Suivez la recette de base, en ajoutant 30 g (½ tasse) de noix de coco râpée non sucrée dans la pâte, et en remplaçant le saumon par de grosses crevettes déveinées et étêtées. Trempez-les dans la pâte, en laissant la queue visible.

Tempura à la courgette
Suivez la recette de base, en remplaçant le saumon par 230 g (8 oz) de courgettes pelées et coupées en rubans.

Tempura à la dorade
Suivez la recette de base, en remplaçant le saumon par 230 g (8 oz) de dorade.

Tempura à la patate douce
Suivez la recette de base, en remplaçant le saumon par 230 g (8 oz) de patate douce pelée et coupée en rubans.

Tempura aux champignons
Suivez la recette de base, en remplaçant le saumon par 230 g (8 oz) de champignons émincés.

Bhajias à l'oignon et à la farine de pois chiches

Recette de base p. 83

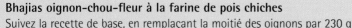

Bhajias oignon-chou-fleur à la farine de pois chiches
Suivez la recette de base, en remplaçant la moitié des oignons par 230 g
(8 oz) de fleurettes de chou-fleur.

Bhajias carotte-céleri à la farine de pois chiches
Suivez la recette de base, en remplaçant les oignons par 230 g (8 oz) de
carottes pelées et finement émincées, ainsi que 230 g (8 oz) de céleri
émincé.

Bhajias oignon-pomme de terre à la farine de pois chiches
Suivez la recette de base, en remplaçant 1 oignon par 230 g (8 oz) de
pommes de terre pelées et très finement émincées.

Bhajias oignon-poivron à la farine de pois chiches
Suivez la recette de base, en remplaçant 1 oignon par 2 poivrons épépinés
et finement émincés.

Bhajias oignon-champignons à la farine de pois chiches
Suivez la recette de base, en remplaçant deux tiers des oignons par 60 g
(4/5 tasse) de champignons finement émincés.

Variantes

Tarte aux champignons et à la crème fraîche

Recette de base p. 84

Tarte aux champignons, au bacon et à la crème fraîche
Suivez la recette de base, en ajoutant aux oignons 4 tranches de bacon cuit et finement haché.

Tarte aux champignons, aux crevettes et à la crème fraîche
Suivez la recette de base, en ajoutant 40 g (1 ½ oz) de crevettes cuites sur le fond de tarte avec la préparation aux oignons.

Tarte aux champignons, aux asperges et à la crème fraîche
Suivez la recette de base, en ajoutant 40 g (¼ tasse) d'asperges cuites et coupées en petits morceaux sur le fond de tarte avec la préparation aux oignons.

Tarte aux champignons, au parmesan et à la crème fraîche
Suivez la recette de base, en ajoutant 30 g (1 oz) de parmesan râpé sur le fond de tarte avec la préparation aux oignons.

Tarte aux champignons, à la saucisse fumée et à la crème fraîche
Suivez la recette de base, en ajoutant 40 g (1 ½ oz) de saucisse fumée cuite et coupée en petits morceaux sur le fond de tarte avec la préparation aux oignons.

Variantes

Croquettes de poisson

Recette de base p. 86

Croquettes de cabillaud et de dorade à la sauce tartare
Suivez la recette de base, en remplaçant l'aiglefin par de la dorade.
Préparez une sauce tartare en mélangeant dans un petit saladier 170 g
(¾ tasse) de mayonnaise avec 2 c. à s. de câpres égouttées et hachées,
2 c. à s. de cornichons égouttés et hachés, 1 c. à t. de jus de citron, 3 c. à s.
de persil fraîchement haché, du sel et du poivre noir du moulin.
Placez au réfrigérateur jusqu'au moment de servir.

Croquettes de crabe à la thaïlandaise
Au lieu de préparer la recette de base, mixez très finement 100 g (4 oz)
de galettes de riz. Mettez-en la moitié dans une assiette. Dans le mixeur,
ajoutez 340 g (12 oz) de chair de crabe. Coupez grossièrement 2 piments,
6 oignons verts, 4 feuilles de citronnier et un petit bouquet de coriandre.
Ajoutez-les dans le mixeur, ainsi que 4 c. à s. de mayonnaise, 3 c. à t.
de nuoc-mâm et 2 œufs battus. Mixez, puis formez des croquettes avec la
préparation, roulez-les dans la galette de riz pilée et faites-les frire 4 min
sur chaque face.

Croquettes de saumon
Suivez la recette de base, en remplaçant le cabillaud et l'aiglefin par
du saumon dont vous aurez retiré la peau et les arêtes.

Variantes

Soufflé au fromage

Recette de base p. 89

Soufflé au fromage et à l'échalote
Suivez la recette de base, en ajoutant 2 échalotes hachées, revenues dans du beurre jusqu'à ce qu'elles soient tendres. Incorporez-les à la sauce avec les jaunes d'œufs.

Soufflé aux champignons et à l'échalote
Suivez la recette de base, en remplaçant le fromage et la moutarde par 230 g (8 oz) de champignons et 2 échalotes hachés et revenus dans du beurre.

Soufflé au fromage et à la ciboulette
Suivez la recette de base, en ajoutant 3 c. à s. de ciboulette ciselée dans la sauce avec les jaunes d'œufs.

Soufflé au saumon fumé
Suivez la recette de base, en remplaçant le fromage et la moutarde par 340 g (12 oz) de saumon fumé haché.

Soufflé aux épinards et à l'échalote
Suivez la recette de base, en remplaçant le fromage et la moutarde par 110 g (3/5 tasse) d'épinards cuits, refroidis et hachés ainsi que 2 échalotes hachées et revenues à la poêle. Ajoutez le tout dans la sauce avec les jaunes d'œufs.

Variantes

Poulet satay

Recette de base p. 90

Agneau satay
Suivez la recette de base, en remplaçant le poulet par de fines lanières
de viande d'agneau.

Satay végétarien
Suivez la recette de base, en remplaçant le poulet par des morceaux
de protéines de soya.

Bœuf satay
Suivez la recette de base, en remplaçant le poulet par des lanières
de bœuf maigre, tel que du filet.

Brochettes de légumes satay
Suivez la recette de base, en remplaçant le poulet par des morceaux de
légumes, comme de la courgette, du poivron rouge ou vert, de l'oignon
rouge ou de l'aubergine.

Variantes

Terrine de maquereau fumé

Recette de base p. 92

Terrine de maquereau fumé aux oignons verts et à l'aneth
Suivez la recette de base, en ajoutant 2 c. à s. d'oignons verts et 2 c. à t. d'aneth frais dans le mixeur.

Terrine de saumon fumé
Suivez la recette de base, en remplaçant le maquereau par du saumon fumé.

Terrine de truite fumée sans lait
Suivez la recette de base, en remplaçant le maquereau par de la truite fumée, le fromage frais par du fromage sans lait, et la crème sure par de la mayonnaise.

Terrine de maquereau fumé en barquette de concombre
Suivez la recette de base. Pelez 2 concombres, coupez-les en deux dans la longueur et retirez les pépins à la cuillère. Remplissez le creux de terrine et servez frais, saupoudré d'un peu de paprika.

Variantes

Aubergines farcies au crabe

Recette de base p. 93

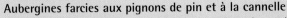

Aubergines farcies aux pignons de pin et à la cannelle
Suivez la recette de base, en remplaçant le crabe et le paprika par 110 g
(⅘ tasse) de pignons de pin et 2 c. à t. de cannelle en poudre.

Aubergines farcies au céleri et au cheddar
Suivez la recette de base, en remplaçant le crabe par 170 g (1 tasse) de céleri
cuit et haché et 60 g (2 oz) de cheddar râpé.

Aubergines farcies au piment et aux haricots
Suivez la recette de base, en remplaçant le crabe par 170 g (6 oz) de haricots
secs en mélange, cuits, et 2 c. à t. de piments finement hachés.

Aubergines farcies aux noix de cajou et aux pois chiches
Suivez la recette de base, en remplaçant le crabe par 170 g (6 oz) de pois
chiches cuits et 60 g (½ tasse) de noix de cajou hachées.

Aubergines farcies au quinoa et à la noix de coco
Suivez la recette de base, en remplaçant le crabe par 230 g (8 oz) de quinoa
cuit et 30 g (½ tasse) de noix de coco râpée non sucrée.

Pains et pâtes levées

Pains, pizzas, biscuits et brioches : telles sont

les vedettes de ce chapitre, bien entendu

toutes dépourvues de gluten.

Pâte à pizza express

Pour 1 fond de pizza

Le goût de cette pâte à pizza rapide à confectionner est très proche de celui de la pizza classique. C'est aussi une recette précieuse si vous ne tolérez pas la levure de boulanger.

40 g (¼ tasse) de fécule de pomme de terre
40 g (¼ tasse) de farine de riz gluant + un peu à saupoudrer
100 g (⅗ tasse) de farine de riz

1 c. à t. de gomme de xanthane
1 c. à t. de levure chimique
¼ de c. à t. de sel
1 c. à t. d'huile d'olive + un peu pour la plaque

Préchauffez le four à 400 °F (200 °C).

Mettez tous les ingrédients ainsi que 12 cl (½ tasse) d'eau dans le bol du mixeur et actionnez jusqu'à l'obtention d'une pâte souple. Ajoutez un peu d'eau si elle vous semble trop sèche, ou un peu de farine de riz si elle est trop collante. Elle doit être lisse.

Transférez la pâte sur une plaque légèrement huilée, saupoudrez-la de farine de riz et, du bout des doigts, étalez-la jusqu'à former un disque d'environ 18 cm (7 po) de diamètre. Enfournez pour 5 min. Sortez la plaque du four, étalez sur la pâte de la sauce à pizza (p. 112), répartissez dessus la garniture et terminez la cuisson.

Voir variantes p. 129

Pizza au pepperoni
à la levure sèche

Pour 1 pizza

Cette pâte est si bonne que vous ne vous apercevrez pas qu'elle est sans gluten...

Pour la sauce
1 c. à s. d'huile d'olive
1 petit oignon, haché
1 boîte de 500 g (18 oz) de
   tomates concassées
1 cube de bouillon de légumes
   ou de volaille
1 c. à t. de sauce soya
2 c. à t. de sauce
   Worcestershire
1 c. à t. de sucre
4 c. à s. de pâte de tomates
Sel et poivre noir du moulin

Pour la pâte
1 c. à t. de sucre
15 cl (5/8 tasse) de lait chaud
   (113 °F – 45 °C)
1 c. à s. de levure sèche
70 g (2/5 tasse) de farine de riz
   complet
50 g (2/5 tasse) de farine de
   tapioca
50 g (1/3 tasse) de farine de riz
   + un peu à saupoudrer
1 pincée de sel
2 c. à t. de gomme de xanthane
1,5 c. à t. de gélatine
   en poudre, non aromatisée

2 c. à t. de fines herbes
   séchées en mélange
1 c. à t. d'huile d'olive
   + un peu pour la plaque
1 c. à t. de vinaigre de cidre

Pour la garniture
6 c. à s. de cheddar râpé
10 rondelles de pepperoni
85 g (3 oz) de mozzarella,
   coupée en rondelles
1 grosse poignée de feuilles
   de basilic, fraîchement
   ciselées

Préparez la sauce. Faites chauffer l'huile dans une casserole de taille moyenne et mettez-y l'oignon à revenir jusqu'à ce qu'il soit tendre. Ajoutez les tomates, le bouillon cube, la sauce soya, la sauce Worcestershire, le sucre et la pâte de tomates. Laissez épaissir sur feu doux. Salez et poivrez.

Pendant ce temps, préparez la pâte. Faites dissoudre le sucre dans le lait, ajoutez la levure et laissez reposer 10 à 15 min, jusqu'à l'apparition d'écume. Préchauffez le four à 400 °F (200 °C).

Dans le bol d'un mixeur plongeant muni d'une lame normale (non d'un crochet à pâte), mélangez les farines, le sel, la gomme de xanthane, la gélatine et les fines herbes, à vitesse lente. Ajoutez le lait avec la levure, l'huile et le vinaigre, et mixez jusqu'à obtenir une pâte lisse. Ajoutez un peu de farine de riz si elle est trop collante, ou un peu d'eau si elle semble trop sèche.

Transférez la pâte sur une plaque huilée, saupoudrez de farine de riz et, du bout des doigts, étalez-la en un disque de 25 cm (10 po) de diamètre environ. Enfournez pour 10 min. Sortez la plaque du four et étalez 5 c. à s. de sauce tomate sur la pâte, parsemez de la moitié du fromage et disposez le pepperoni sur le dessus. Ajoutez des tranches de mozzarella, des feuilles de basilic et terminez par le reste de cheddar. Remettez le tout 10 min au four, jusqu'à ce que la pâte soit cuite à cœur et que le fromage soit fondu et doré.

Voir variantes p. 130

Focaccia à l'ail et au thym

Pour 8 parts

La focaccia est un pain plat italien, rapide à confectionner... et qui risque de disparaître tout aussi vite !

Beurre
Farine de maïs
1 c. à t. de sucre
12 cl (½ tasse) d'eau chaude (113 °F – 45 °C)
1 sachet de levure sèche
100 g (3 ½ oz) de farine de sorgho
70 g (½ tasse) de farine de tapioca
70 g (⅖ tasse) de farine de riz blanc
85 g (⅗ tasse) de fécule de pomme de terre
2 c. à t. de gomme de xanthane

1 c. à t. de sel
1 gros œuf, à température ambiante, légèrement battu
4 c. à s. d'huile d'olive + un filet
1 c. à s. de miel
1 c. à t. de vinaigre de cidre
2 gousses d'ail, très finement hachées + 1 autre, finement hachée
2 c. à t. de thym séché
1 c. à t. de gros sel

Beurrez un moule à gâteau de 20 cm (8 po) de diamètre et saupoudrez-en le fond de farine de maïs. Faites dissoudre le sucre dans l'eau chaude et saupoudrez de levure. Laissez reposer 15 min environ, jusqu'à la formation d'écume.

Mélangez les farines, la fécule, la gomme de xanthane et le sel dans un saladier. Creusez un puits au centre et versez-y l'eau avec la levure, l'œuf, l'huile, le miel, le vinaigre, 2 gousses d'ail et le thym. Mélangez et transférez la pâte collante obtenue dans le moule à l'aide d'une cuillère. Creusez quelques trous avec le doigt sur le dessus, parsemez de gros sel et du reste d'ail, puis arrosez d'un filet d'huile d'olive. Laissez lever 30 min au chaud, sous un torchon. Préchauffez le four à 375 °F (190 °C). Faites-y cuire le pain 20 à 25 min, jusqu'à ce qu'il soit doré. Sortez-le, laissez-le tiédir quelques minutes, puis faites-le refroidir sur une grille.

Voir variantes p. 131

Petits pains moelleux

Pour 6 ou 7 pièces

Ces petits pains vous étonneront par leur vrai goût de pain ! La pâte est très souple, c'est pourquoi on la roule en petites boules plutôt que de former un gros pain ou de l'étaler.

Huile
50 g (²/₅ tasse) de farine de tapioca
  + un peu pour la plaque
70 g (²/₅ tasse) de farine de riz
170 g (1 tasse) de fécule de pomme de terre
60 g (½ tasse) de fécule de maïs
1½ c. à t. de sel

60 g (⅓ tasse) de farine de maïs fine
60 g (³/₅ tasse) d'amandes en poudre
1 c. à t. de sucre
2 c. à t. de gomme de xanthane
2 sachets de levure sèche
35 cl (1 ⅓ tasse) d'eau chaude (113 °F – 45 °C)
2 c. à s. d'huile d'olive

Préchauffez le four à 400 °F (200 °C). Huilez et farinez une plaque de cuisson. Tamisez la farine de tapioca, la farine de riz, les fécules de maïs et de pomme de terre ainsi que le sel dans le bol du mixeur. Actionnez. Ajoutez la farine de maïs, les amandes en poudre, le sucre, la gomme de xanthane et la levure. Mixez une nouvelle fois, brièvement. Dans un grand verre mesureur, fouettez l'eau chaude avec l'huile d'olive. Versez-en les deux tiers dans le mixeur et donnez 3 ou 4 impulsions. Ajoutez la moitié du liquide restant et mixez brièvement. Versez maintenant le reste de liquide cuillerée par cuillerée, jusqu'à l'obtention d'une pâte molle, qui doit garder sa forme mais couler de la cuillère.

Déposez de grosses cuillerées de pâte sur la plaque de cuisson, formez des boules et aplanissez la surface avec le dos d'une cuillère mouillée. Enfournez pour 15 à 20 min. Quand les petits pains sont gonflés, dorés et cuits à cœur, laissez-les tiédir sur une grille. Ne les coupez pas quand ils sont encore chauds, ils se briseraient. Ils sont meilleurs tièdes. Ils se conservent 24 h dans une boîte hermétique, ou 1 mois au congélateur.

Voir variantes p. 132

Pain italien à la soude

Pour 1 pain

Ce pain a l'avantage d'être rapide à confectionner. Vous pouvez le préparer juste avant
le dîner, pour accompagner une soupe ou une salade. Dès que vous mélangez le babeurre
et le bicarbonate de soude, il commence à lever, aussi intervenez rapidement, sans trop
travailler la pâte.

450 g (16 oz) de mélange de farines (p. 16)
   + un peu pour le plan de travail
2 c. à t. de gomme de xanthane
1 c. à t. de sel

1 c. à t. de bicarbonate de soude
25 cl (1 tasse) de babeurre + 2 c. à s. pour la
   plaque

Préchauffez le four à 340 °F (175 °C) et graissez légèrement une plaque de cuisson.
Dans un saladier, mélangez les farines, la gomme de xanthane, le sel et le bicarbonate
de soude. Creusez un puits au centre et versez-y le babeurre, en remuant légèrement
à la fourchette jusqu'à obtenir une pâte souple. Ajoutez un peu de babeurre si elle semble
trop sèche, ou un peu de mélange de farines si elle est trop collante. Transférez la pâte sur
un plan de travail légèrement saupoudré de farine et pétrissez une ou deux fois pour former
une miche.
Transférez le pain sur la plaque de cuisson et incisez profondément le dessus de la miche,
en croix, pour favoriser la levée de la pâte. Enfournez pour 35 à 40 min. Quand le pain a
bien levé et a pris une couleur dorée, sortez-le et laissez-le refroidir sur une grille avant
de le découper.

Voir variantes p. 133

Pain au maïs à la mexicaine

Pour 1 pain

Ce pain épicé au maïs est à la fois coloré et parfait pour accompagner le chili. Dosez le piment, doux ou fort, selon votre goût.

Huile
280 g (2 ¼ tasses) de farine de maïs
1 c. à t. de sel
1 c. à t. de levure chimique
1 c. à t. de bicarbonate de soude
110 g (1 tasse) d'oignons verts finement
    hachés, parties vertes seulement

110 g (4 oz) de cheddar, finement râpé
1 ou 2 piments rouges, doux ou forts,
    finement hachés
2 œufs
45 cl (1 ¾ tasse) de babeurre
1 boîte de 400 g (14 oz) de crème de maïs
6 cl (¼ tasse) d'huile d'olive

Préchauffez le four à 375 °F (190 °C) et huilez un moule à pain de 22 × 33 cm (8 ½ × 13 po). Dans un saladier, mélangez la farine de maïs avec le sel, la levure, le bicarbonate de soude, les oignons verts, le fromage et le piment.

Dans un autre saladier, battez les œufs avec le babeurre, la crème de maïs et l'huile d'olive. Creusez un puits au centre du mélange à la farine de maïs et versez-y rapidement la seconde préparation. Remuez brièvement, versez dans le moule à pain et enfournez pour 25 min, jusqu'à ce que le pain soit doré et cuit à cœur. Laissez tiédir 10 min dans le moule, puis démoulez et faites refroidir sur une grille.

Voir variantes p. 134

Pain aux fruits séchés

Pour 2 pains

Cette recette permet d'obtenir un pain à mi-chemin entre le pain et le cake aux fruits.

85 g (1 tasse) de pommes séchées, coupées en dés
40 g (⅓ tasse) d'abricots séchés, coupés en dés
40 g (⅕ tasse) de dattes séchées, coupées en dés
40 g (½ tasse) de canneberges séchées
85 g (¾ tasse) de fruits séchés en mélange
1 c. à s. de mélasse
12 cl (½ tasse) de jus de pomme, réchauffé
Huile
30 g (¼ tasse) de noix de pécan, hachées
35 g (⅕ tasse) de farine de riz
30 g (¼ tasse) de fécule de maïs
40 g (¼ tasse) de fécule de pomme de terre
30 g (⅓ tasse) d'amandes en poudre
1 c. à t. de gomme de xanthane
1 c. à t. de levure chimique
2 c. à t. de cannelle en poudre
1 c. à t. de noix muscade en poudre
60 g (¼ tasse) de beurre, ramolli
140 g (¾ tasse) de cassonade
2 gros œufs
Les zestes de 1 orange et 1 citron
110 g (½ tasse) de compote de pommes

Mettez tous les fruits séchés ainsi que la mélasse dans un saladier. Versez le jus de pomme, couvrez et laissez reposer une nuit à température ambiante.

Le lendemain, préchauffez le four à 340 °F (175 °C). Huilez 2 moules à cake. Dans un saladier, mélangez les noix, la farine, les fécules, les amandes en poudre, la gomme de xanthane, la levure, la cannelle et la muscade. Dans un autre saladier, travaillez le beurre et la cassonade en pommade. Ajoutez les œufs, l'un après l'autre, en battant bien à chaque fois. Ajoutez le mélange à la farine, les zestes, la compote de pommes et la préparation aux fruits. Mélangez brièvement. Répartissez la pâte dans les moules et enfournez pour 1 h environ, jusqu'à ce qu'un cure-dent inséré au centre des cakes en ressorte propre. Laissez tiédir 10 min dans les moules, puis faites refroidir complètement sur une grille.

Voir variantes p. 135

Pain à la banane, aux dattes et aux noix

Pour 1 pain

La banane et le miel donnent leur fondant à ce pain, dont la saveur est rehaussée par l'ajout des dattes et des noix.

6 c. à s. de beurre ramolli + un peu
    pour le moule
110 g (½ tasse) de sucre
250 g (9 oz) de mélange de farines SG (p. 16)
    + un peu pour le moule
½ c. à t. de sel
2 c. à t. de gomme de xanthane
2 c. à t. de levure chimique

¼ de c. à t. de bicarbonate de soude
3 bananes de taille moyenne (dont 2 très mûres)
6 cl (¼ tasse) de babeurre
2 gros œufs, battus
60 g (½ tasse) de dattes séchées,
    finement hachées
60 g (½ tasse) de noix, finement hachées

Préchauffez le four à 340 °F (175 °C). Beurrez un moule à cake et saupoudrez-le de farine. Dans un saladier, travaillez le beurre et le sucre en pommade. Mélangez les ingrédients secs dans un autre saladier. Dans un bol, écrasez les 2 bananes très mûres avec le babeurre. Versez peu à peu les œufs battus dans le beurre sucré. Ajoutez les bananes écrasées et les ingrédients secs, puis mélangez délicatement le tout, sans remuer trop longtemps. Coupez la troisième banane en rondelles et ajoutez celles-ci à la pâte ainsi que les dattes et les noix, en remuant délicatement et brièvement. Versez la pâte dans le moule et faites cuire 40 min environ à mi-hauteur du four, jusqu'à ce qu'un cure-dent inséré au centre du pain en ressorte propre. Laissez tiédir 10 min dans le moule, puis faites refroidir complètement sur une grille avant de découper.

Voir variantes p. 136

Pain de mie aux graines

Pour 1 pain

Voici un pain vraiment savoureux, constellé de graines dont la texture apportera une note d'originalité à vos sandwichs.

1 c. à t. de sucre
35 cl (1 ⅓ tasse) d'eau chaude (113 °F – 45 °C)
1 sachet de levure sèche
340 g (12 oz) de mélange de farines SG (p. 16)
2 c. à t. de gomme de xanthane
1 c. à t. de sel

3 œufs
1 c. à s. de miel
1 c. à s. d'huile d'olive
1 c. à t. de vinaigre de cidre
3 c. à s. de mélange de graines
    (pavot, millet, lin ou sésame, par exemple)

Faites dissoudre le sucre dans l'eau chaude, saupoudrez de levure sèche, puis laissez reposer 10 à 15 min, jusqu'à la formation d'écume. Dans un grand saladier, mélangez les farines avec la gomme de xanthane et le sel. Dans un autre saladier, émulsionnez les œufs, le miel, l'huile et le vinaigre. Creusez un puits au centre des farines et versez la préparation à base de levure, celle à base d'œuf, ainsi que 2 c. à s. de graines. Mélangez 4 min au mixeur. Versez cette pâte dans le moule, couvrez d'un torchon et laissez lever jusqu'à ce que la pâte dépasse le bord de 2,5 cm (1 po).

Préchauffez le four à 375 °F (190 °C). Parsemez le pain du reste de graines et enfournez pour 50 à 60 min. Sortez le pain du four, laissez tiédir 10 min dans le moule, puis faites refroidir complètement sur une grille avant de découper.

Voir variantes p. 137

Biscuits au babeurre

Pour 12 biscuits environ

Ces biscuits légers se prêtent aux utilisations les plus diverses.

Huile
110 g (²/₃ tasse) de farine de riz complet
85 g (⁴/₅ tasse) de fécule de maïs
40 g (¼ tasse) de fécule de pomme de terre
70 g (²/₅ tasse) de farine de riz blanc + un peu
    à saupoudrer
1 c. à t. de gomme de xanthane

4 c. à t. de levure chimique
1 c. à t. de bicarbonate de soude
1 c. à t. de crème de tartre
1 c. à t. de sel
5 c. à s. de beurre, placé 2 h au congélateur
25 cl (1 tasse) de babeurre
1 œuf + 1 autre mélangé à 1 c. à t. d'eau

Préchauffez le four à 425 °F (220 °C). Tapissez 2 plaques de cuisson de papier sulfurisé et huilez-les légèrement. Dans un saladier, mélangez les ingrédients secs. Sortez le beurre du congélateur et râpez-le dans le mélange de farines. Incorporez-le avec les doigts et sablez finement la pâte. Fouettez le babeurre et l'œuf dans un bol. Creusez un puits au centre des farines et versez-y l'œuf et le babeurre, en remuant légèrement à la fourchette. Disposez un morceau de film alimentaire sur le plan de travail, placez-y la pâte et recouvrez d'une autre épaisseur de film. Étalez délicatement la pâte au rouleau à pâtisserie, à travers le film, sur une épaisseur de 2 cm (⁴/₅ po), puis ôtez le film du dessus. Saupoudrez un peu de farine de riz blanc. Huilez un emporte-pièce de 6 cm (2 ½ po) de diamètre et découpez autant de biscuits que possible, puis étalez de nouveau le reste de pâte et répétez l'opération si nécessaire. Transférez les biscuits sur les plaques de cuisson et dorez-les à l'œuf délayé dans l'eau. Enfournez, baissez aussitôt à 400 °F (200 °C) et laissez cuire 15 à 18 min. Servez chaud ou congelez les biscuits dès qu'ils ont refroidi. Ils se conservent 1 mois au congélateur.

Voir variantes p. 138

Brioche à la cerise

Pour 1 brioche

Cette brioche au beurre est idéale pour le petit-déjeuner. Elle est aussi excellente pour réaliser un pain perdu.

1 c. à t. de sucre
12 cl (½ tasse) de lait chaud (113 °F – 45 °C)
1 sachet de levure sèche
110 g (⅘ tasse) de fécule de maïs
40 g (¼ tasse) de fécule de pomme de terre
50 g (⅓ tasse) de farine de riz blanc
40 g (¼ tasse) de farine de tapioca
2 c. à t. de gomme de xanthane

1 c. à t. de sel
5 c. à s. de beurre, fondu et refroidi
2 œufs
2 c. à s. de miel
2 c. à t. d'extrait de vanille
140 g (⅔ tasse) de cerises séchées
Huile
1 c. à s. de sucre de canne brut

Faites dissoudre le sucre dans le lait chaud, saupoudrez de levure et laissez reposer 10 à 15 min, le temps qu'une écume se forme. Dans un saladier, mélangez les fécules, les farines, la gomme de xanthane et le sel. Dans un autre saladier, battez le beurre, les œufs, le miel et l'extrait de vanille. Creusez un puits au centre du mélange de farines et versez-y la préparation à base de lait et celle à base de levure. Mélangez intimement. Incorporez les cerises. Mettez la pâte dans un saladier huilé, tournez-la dans le récipient, couvrez-la d'un film alimentaire et laissez-la lever 1 h à température ambiante. Huilez un moule à cake de 23 × 13 cm (9 × 5 po). Transférez la pâte dans le moule et aplanissez délicatement le dessus. Saupoudrez de sucre de canne, couvrez d'un torchon et laissez de nouveau lever pendant 1 h. Préchauffez le four à 400 °F (200 °C). Enfournez pour 25 à 30 min, jusqu'à ce que la brioche soit bien gonflée et dorée. Laissez-la tiédir 10 min avant de la démouler sur une grille, pour l'y laisser refroidir complètement avant de la découper.

Voir variantes p. 139

Variantes

Pâte à pizza express

Recette de base p. 111

Pâte à pizza à la pomme de terre
Suivez la recette de base, en supprimant la gomme de xanthane et l'eau.
Incorporez 2 c. à t. de levure chimique et 2 c. à t. d'huile d'olive de plus.
Ajoutez également 230 g (1 tasse) de purée de pommes de terre dans le
mixeur.

Pâte à pizza à la courge butternut
Au lieu de suivre la recette de base, mélangez au mixeur 230 g (1 tasse)
de courge réduite en purée, 60 g (2/5 tasse) de farine de noix de coco,
130 g (3/4 tasse) de farine de riz complet, 1 c. à s. d'huile d'olive, 1 c. à s.
de levure chimique, 1 c. à t. de fines herbes séchées et 1 pincée de sel.
Étalez en un disque de 26 cm (10 1/2 po) de diamètre. Faites cuire 10 min
au four avant de garnir la pizza.

Pâte à pizza biscuitée
Au lieu de suivre la recette de base, mélangez 130 g (3/4 tasse) de farine
de riz complet, 170 g (1 tasse) de fécule de pomme de terre, 1 c. à t.
de gomme de xanthane, 1 c. à s. de levure chimique, 1 c. à t. de crème
de tartre, 3/4 de c. à t. de bicarbonate de soude et autant de sel, ainsi que
1 c. à t. de sucre. Incorporez 60 g (1/4 tasse) de beurre, ajoutez 1 œuf et
20 cl (3/4 tasse) de lait, puis mélangez bien, jusqu'à obtenir une pâte
souple. Étalez en un disque de 26 cm (10 1/2 po) de diamètre.

Variantes

Pizza au pepperoni à la levure sèche

Recette de base p. 112

Pizza au poulet grillé et à l'oignon, sauce barbecue
Suivez la recette de base, en remplaçant la sauce tomate par une sauce barbecue et le pepperoni par 60 g (2 oz) de morceaux de poulet grillé et 2 c. à s. d'oignon haché cuit.

Pizza au chèvre, aux oignons caramélisés et aux tomates cerises
Suivez la recette de base, en remplaçant le pepperoni et les deux fromages par 85 g (3 oz) de fromage de chèvre coupé en dés, 70 g (¹⁄₃ tasse) d'oignons caramélisés (p. 101) et 8 tomates cerises.

Pizza aux légumes du Sud grillés
Suivez la recette de base, en remplaçant le pepperoni par divers légumes méditerranéens (courgettes, poivrons, aubergines, tomates) grillés 30 min au four à moyenne température, avec un filet d'huile d'olive.

Pizza thon-anchois-tomates-olives
Suivez la recette de base, en remplaçant le pepperoni par 110 g (4 oz) de miettes de thon en conserve égouttées, 40 g (1 ½ oz) d'anchois en conserve égouttés, 2 tomates coupées en quartiers et quelques olives noires dénoyautées.

Variantes

Focaccia à l'ail et au thym

Recette de base p. 115

Focaccia à l'ail, à l'oignon et au romarin
Suivez la recette de base, en supprimant le thym. Ajoutez à la préparation
1 petit oignon très finement haché et revenu dans un peu d'huile d'olive,
puis refroidi, et 2 c. à t. de romarin séché.

Focaccia à l'ail, aux tomates et à l'origan
Suivez la recette de base, en remplaçant le thym par 2 c. à t. d'origan séché.
Surmontez le pain de plusieurs tomates cerises coupées en deux avant d'enfourner.

Focaccia à l'ail, au piment et à la coriandre
Suivez la recette de base, en remplaçant le thym par 1 c. à s. de coriandre
fraîchement hachée et 1 piment très finement haché.

Focaccia à l'ail, à la courgette et au basilic
Suivez la recette de base, en remplaçant le thym par 1 c. à s. de basilic
fraîchement ciselé. Parsemez le pain d'un peu de courgette coupée en dés
fins avant d'enfourner.

Focaccia à l'ail, au parmesan et à la ciboulette
Suivez la recette de base, en remplaçant le thym par 1 c. à s. de ciboulette
fraîchement ciselée. Ajoutez à la préparation 30 g (1 oz) de parmesan
fraîchement râpé.

Variantes

Petits pains moelleux

Recette de base p. 116

Petits pains moelleux à hot dogs
Suivez la recette de base, en donnant à la pâte une forme allongée de pains à hot dogs.

Petits pains moelleux au parmesan et aux graines
Suivez la recette de base, en ajoutant 1 c. à s. de graines de pavot dans le mixeur avec les liquides. Juste avant d'enfourner, parsemez les pains d'un peu de parmesan finement râpé.

Petits pains moelleux à hamburgers
Suivez la recette de base, en donnant à la pâte la forme plate de pains à hamburgers. Juste avant d'enfourner, parsemez chaque petit pain de 1 c. à t. de graines de sésame.

Petits pains moelleux à l'ail et aux graines de tournesol
Suivez la recette de base. Ajoutez 1 gousse d'ail pressée dans le mixeur avec les liquides. Juste avant d'enfourner, parsemez chaque petit pain de 1 c. à t. de graines de tournesol.

Variantes

Pain italien à la soude

Recette de base p. 119

Pain au fromage et à la moutarde
Suivez la recette de base, en ajoutant à la préparation 40 g (⅓ tasse) de cheddar râpé et 2 c. à t. de moutarde sèche.

Pain aux tomates et au basilic
Suivez la recette de base, en ajoutant à la préparation 2 c. à s. de tomates séchées finement hachées et 1 c. à s. de basilic fraîchement ciselé.

Pain à l'ail et au romarin
Suivez la recette de base, en ajoutant à la préparation 1 gousse d'ail pressée et 1 c. à s. de romarin séché.

Pain à l'origan et aux graines de pavot
Suivez la recette de base, en ajoutant à la préparation 1 c. à t. d'origan séché et 1 c. à s. de graines de pavot.

Variantes

Pain au maïs à la mexicaine

Recette de base p. 120

Pain épicé au maïs et à la coriandre
Suivez la recette de base, en ajoutant aux oignons 2 c. à s. de coriandre
fraîchement hachée.

Pain épicé au maïs et à la cardamome
Suivez la recette de base, en ajoutant aux oignons 1 c. à t. de graines
de cardamome.

Pain épicé au maïs et aux tomates séchées
Suivez la recette de base, en ajoutant aux oignons 60 g (2 oz) de tomates
séchées finement hachées et 2 c. à s. de basilic fraîchement ciselé.

Pain épicé au maïs et aux graines de citrouille
Suivez la recette de base, en ajoutant aux oignons 2 c. à s. de graines
de citrouille.

Pain épicé au maïs et aux poivrons
Suivez la recette de base, en ajoutant aux oignons 3 c. à s. de poivron rouge
très finement haché.

Pain aux fruits séchés

Recette de base p. 123

Pain aux fruits séchés, aux cerises et au cognac
Suivez la recette de base, en remplaçant la pomme et le jus de pomme
par des cerises confites et du cognac.

Pain aux fruits séchés, aux figues et aux noix
Suivez la recette de base, en remplaçant la pomme et les noix de pécan
par des figues séchées hachées et des noix.

Pain aux fruits séchés et aux fruits confits
Suivez la recette de base, en parsemant le pain refroidi de fruits confits.
Faites chauffer doucement 4 c. à s. de confiture d'abricots avec 2 c. à s.
d'eau, puis filtrez au-dessus d'un bol. Étalez un peu de ce glaçage à l'abricot
sur le pain, disposez des fruits confits sur le dessus, puis ajoutez un peu
de glaçage. Nouez un ruban large autour du pain.

Pain aux fruits séchés et aux écorces confites
Suivez la recette de base, en ajoutant à la préparation 40 g (1 ½ oz)
d'écorces confites en même temps que les fruits séchés.

Variantes

Pain à la banane, aux dattes et aux noix

Recette de base p. 124

Pain à la banane et aux canneberges
Suivez la recette de base, en remplaçant les dattes et les noix par 110 g
(1 tasse) de canneberges séchées hachées.

Pain à la banane, aux figues et aux noix de pécan
Suivez la recette de base, en remplaçant les dattes par des figues séchées
et les noix par des noix de pécan.

Pain à la banane, à la pomme et au gingembre
Suivez la recette de base, en supprimant les dattes et les noix. Remplacez-les
par 110 g (1 tasse) de pommes séchées finement hachées et 2 c. à t. de
gingembre en poudre.

Pain à la banane, à la cerise et à la noix de coco
Suivez la recette de base, en supprimant les dattes et les noix. Remplacez-les
par 60 g (⅓ tasse) de cerises séchées finement hachées et 30 g (½ tasse) de
noix de coco non sucrée en poudre.

Variantes

Pain de mie aux graines

Recette de base p. 126

Pain de mie aux flocons d'avoine
Suivez la recette de base, en supprimant les graines. Ajoutez aux farines 30 g
(⅕ tasse) de flocons d'avoine. Saupoudrez le pain de 1 c. à s. de flocons d'avoine.

Pain de mie aux graines et au parmesan
Suivez la recette de base, en ajoutant aux farines 2 c. à s. de parmesan râpé.

Pain de mie à l'oignon et à l'aneth
Suivez la recette de base, en remplaçant les graines dans le mélange de farines
par 2 c. à s. d'oignon semoule et 2 c. à t. d'aneth séché. Saupoudrez le pain
de 1 c. à s. d'oignon semoule.

Pain de mie à l'ail et au basilic
Suivez la recette de base, en supprimant les graines de pavot. Remplacez-les
par 1 gousse d'ail pressée et 2 c. à t. de basilic séché, ajoutés au mélange
de farines. Parsemez le pain de 1 c. à s. de basilic séché.

Pain de mie au piment et à la coriandre
Suivez la recette de base, en supprimant les graines de pavot. Remplacez-les
par 1 piment rouge doux épépiné et finement haché et 1 c. à s. de coriandre
fraîchement hachée, ajoutés au mélange de farines. Saupoudrez le pain de
2 c. à t. de piment séché en poudre.

Variantes

Biscuits au babeurre

Recette de base p. 127

Biscuits au parmesan
Suivez la recette de base, en ajoutant à la préparation 30 g (1 oz) de
parmesan fraîchement râpé.

Biscuits à la saucisse et à la moutarde
Suivez la recette de base, en ajoutant à la préparation 60 g (2 oz) de saucisse
cuite finement hachée et 2 c. à t. de moutarde de Dijon.

Biscuits à la sauge et à l'oignon
Suivez la recette de base, en ajoutant à la préparation 2 c. à t. de sauge
séchée et 1 c. à s. d'oignon semoule.

Biscuits au bacon et aux tomates séchées
Suivez la recette de base, en ajoutant à la préparation 2 tranches de bacon
cuit et croustillant, haché, et 2 c. à s. de tomates séchées finement hachées.

Brioche à la cerise

Recette de base p. 128

Brioche à l'orange et à l'amande
Suivez la recette de base, en supprimant la farine de tapioca, la vanille ainsi que les cerises. Remplacez-les par 40 g (½ tasse) d'amandes en poudre, de l'extrait d'amande et le zeste de 1 orange.

Brioche à l'abricot et à la cannelle
Suivez la recette de base, en remplaçant les cerises par des abricots séchés finement hachés, et la vanille par de l'extrait d'amande. Ajoutez 1 c. à t. de cannelle moulue.

Brioche aux raisins blonds et au citron
Suivez la recette de base, en remplaçant les cerises par des raisins secs blonds et en ajoutant le zeste de 1 citron.

Brioche aux pépites de chocolat
Suivez la recette de base, en remplaçant les cerises par des pépites de chocolat noir.

Brioche au gingembre et à la pomme
Suivez la recette de base, en remplaçant les cerises par des pommes séchées finement hachées et en ajoutant 1 c. à t. de gingembre moulu.

Plats principaux

Des dîners rapides en semaine aux repas de fête

plus sophistiqués, les recettes qui suivent seront

une inépuisable source d'inspiration au moment

de confectionner des plats adaptés à toutes

les occasions.

Bœuf au vin rouge et aux champignons

Pour 6 personnes

Ce ragoût de bœuf est à la fois riche en légumes et suffisamment nourrissant pour réconforter vos convives un soir d'hiver.

35 g (⅕ tasse) de farine de riz
30 g (¼ tasse) de fécule de maïs
Sel et poivre noir du moulin
900 g (2 lb) de bœuf maigre, coupé en cubes
2 c. à s. d'huile d'olive + davantage si nécessaire
6 tranches de lard, coupées en lardons
3 gousses d'ail, pressées
1 gros oignon, finement haché

230 g (8 oz) de champignons, émincés
2 carottes, taillées en rondelles
3 c. à s. de pâte de tomates
1 c. à s. de fines herbes séchées
25 cl (1 tasse) de bouillon de bœuf de qualité
1 cube de bouillon de bœuf
25 cl (1 tasse) de vin rouge
3 c. à s. de persil, fraîchement ciselé

Préchauffez le four à 320 °F (160 °C). Mélangez la farine et la fécule dans une assiette, salez et poivrez. Roulez-y le bœuf. Faites chauffer l'huile dans une grande poêle. Mettez-y le bœuf à dorer, en plusieurs fois, et transférez-le dans une grande cocotte. Faites revenir le lard dans la poêle 5 min sur feu moyen, jusqu'à ce qu'il soit croustillant, puis transférez-le avec le bœuf. Jetez l'éventuel excès de gras laissé par le lard et faites revenir l'ail et l'oignon 5 min à la poêle, jusqu'à ce qu'ils soient tendres, puis ajoutez les champignons, les carottes, la pâte de tomates, les herbes, le bouillon, le bouillon cube et le vin. Faites chauffer et remuez bien, pour déglacer la poêle. Versez dans la cocotte, couvrez et enfournez pour 2 h 30 à 3 h, en surveillant la cuisson et en ajoutant de l'eau ou du bouillon si l'ensemble devient trop sec. Quand la viande est cuite, sortez la cocotte du four. Incorporez le persil et servez aussitôt.

Voir variantes p. 176

Tourtes au bœuf en croûte de pomme de terre

Pour 4 personnes

Ces tourtes cachent une farce au bœuf mélangée à une sauce savoureuse, sous une croûte de purée de pommes de terre dorée sous le gril.

450 g (16 oz) de bœuf maigre, haché
1 gousse d'ail, pressée
1 oignon moyen, finement haché
35 cl (1 ⅓ tasse) de bouillon de bœuf de qualité
1 cube de bouillon de bœuf
2 c. à t. de fines herbes séchées
2 c. à t. de sauce soya
2 c. à t. de sauce Worcestershire
1 c. à s. de ketchup
1 grosse carotte, coupée en petits dés

60 g (⅓ tasse) de petits pois surgelés
Sel et poivre noir du moulin
2 c. à t. de fécule de maïs
2 c. à s. d'eau froide
450 g (1 lb) de pommes de terre, pelées
    et coupées en morceaux
1 c. à s. de beurre
4 fonds de tartelettes SG de 13 cm (5 po)
    de diamètre (p. 17), cuits à blanc

Faites légèrement dorer le bœuf 10 min dans une grande casserole, sans cesser de remuer. Ajoutez l'ail et l'oignon, et poursuivez la cuisson 10 min, jusqu'à ce que l'oignon soit tendre. Ajoutez le bouillon, le cube de bouillon, les herbes, les sauces soya et Worcestershire, puis le ketchup et la carotte. Mélangez. Couvrez et laissez frémir 30 min environ. Ajoutez les petits pois, poursuivez la cuisson 5 min, salez un peu et poivrez généreusement, selon votre goût. Mélangez l'eau froide et la fécule de maïs dans un bol, puis incorporez cette préparation à la sauce de la viande.

Continuez de remuer jusqu'à ce que la sauce ait épaissi. Transférez le tout dans un saladier, couvrez et laissez tiédir de côté.

Lavez la casserole et remplissez-la aux trois quarts d'eau froide. Ajoutez les pommes de terre, portez à ébullition et laissez cuire 20 min. Quand elles sont cuites, égouttez-les, remettez-les en casserole et écrasez-les grossièrement au presse-purée. Ajoutez le beurre, salez et poivrez. Réservez.

Préchauffez le four à 340 °F (175 °C). Déposez des cuillerées de viande et de sauce dans les fonds de tartelettes, de façon à atteindre à peine le haut de la pâte. Répartissez la purée sur le dessus. Disposez les tourtes sur une plaque à rôtir et enfournez-les pour 30 min, jusqu'à ce qu'elles soient très chaudes. Si le dessus n'est pas doré, passez-les 2 à 3 min sous le gril. Servez aussitôt.

Voir variantes p. 177

Poulet pané au parmesan

Pour 4 personnes

Si vous pensiez devoir vous résoudre à renoncer aux viandes panées, cette recette vous prouvera le contraire !

2 c. à s. d'huile de canola + un peu
    pour la plaque
4 blancs de poulet, sans peau ni os
70 g (2/5 tasse) de farine de riz blanc
1 ou 2 œufs, battus

230 g (2 tasses) de chapelure SG
40 g (1 1/2 oz) de parmesan, finement râpé
1 c. à t. d'épices cajun
Sel et poivre noir du moulin
Cresson et quartiers de citron

Huilez la plaque du four.
Disposez les blancs de poulet côte à côte sur du papier sulfurisé, recouvrez-les d'une seconde feuille et, à l'aide d'un marteau à viande ou d'un rouleau à pâtisserie, aplatissez-les bien.
Mettez la farine de riz dans une assiette, l'œuf battu dans une deuxième et la chapelure dans une troisième. Dans cette dernière, ajoutez le parmesan, les épices cajun, le sel et le poivre. Passez chaque blanc de poulet dans la farine, puis dans l'œuf et enfin dans la chapelure. Posez-les dans une assiette, couvrez et placez 30 min au réfrigérateur. Préchauffez le four à 375 °F (190 °C).
Faites chauffer 2 c. à s. d'huile de canola dans une grande poêle. Quand elle est chaude, mais avant qu'elle ne fume, faites-y frire chaque blanc de poulet 3 à 4 min sur chaque face, jusqu'à ce qu'ils soient dorés. Ajoutez de l'huile au besoin. Transférez la viande sur la plaque huilée et enfournez pour 30 min environ. Servez aussitôt, accompagné de cresson et de quartiers de citron.

Voir variantes p. 178

Tourte au bœuf et à l'oignon

Pour 4 personnes

Commencez à préparer ce plat délicieux tôt le matin ou, encore mieux, la veille, pour laisser aux arômes le temps de se développer.

35 g (1/5 tasse) de farine de riz
Sel et poivre noir du moulin
700 g (1 1/2 lb) de bœuf maigre,
    coupé en cubes de 2,5 cm (1 po) de côté
2 c. à s. d'huile de canola
    + davantage si nécessaire
2 gros oignons, grossièrement hachés
2 gousses d'ail, pressées

70 cl (2 4/5 tasses) de bouillon de bœuf
    de qualité
2 cubes de bouillon de bœuf
2 c. à s. de pâte de tomates
1 c. à t. de fines herbes séchées
2 c. à t. de persil, fraîchement haché
1 pâte brisée SG (p. 19)
1 œuf, légèrement battu

Préchauffez le four à 300 °F (150 °C). Étalez la farine de riz dans une grande assiette, salez, poivrez et roulez-y les morceaux de viande pour les en enrober. Faites chauffer l'huile dans une grande poêle. Quand elle est bien chaude, mais avant qu'elle ne fume, mettez-y la viande à revenir quelques minutes, en remuant avec une spatule, pour la dorer sur toutes les faces. Procédez en plusieurs fois au besoin. Transférez la viande dans une cocotte et réservez. Ajoutez un peu d'huile dans la poêle si nécessaire, et faites-y cuire les oignons et l'ail 5 min environ sur feu moyen, jusqu'à ce qu'ils soient tendres. Versez le bouillon et remuez pour déglacer. Ajoutez les cubes de bouillon, la pâte de tomates et les herbes, puis transférez dans la cocotte. Couvrez et enfournez pour 3 à 4 h, jusqu'à ce que le bœuf soit fondant. Sortez-le du four et laissez-le refroidir, une nuit de préférence si vous en avez le temps. Préchauffez le four à 400 °F (200 °C). Transférez le bœuf et les oignons dans une tourtière ovale profonde, de 23 cm (9 po) de longueur. Étalez la pâte sur une largeur supérieure de

2,5 à 5 cm (1 à 2 po) à celle de la tourtière. Mouillez le bord du plat avec de l'eau. Recoupez le bord de la pâte pour l'ajuster au contour du plat. Humidifiez-en le bord pour qu'il soit collant. Posez la pâte sur la préparation, en appuyant sur le bord pour le faire adhérer au plat. Badigeonnez d'un peu d'œuf battu au pinceau, puis décorez le dessus avec des chutes de pâte découpées en forme de feuille.

Avec la pointe d'un couteau, percez un petit trou au centre de la tourte pour laisser la vapeur s'échapper. Enfournez pour 30 min environ, jusqu'à ce que la pâte soit cuite et dorée. Servez aussitôt.

Voir variantes p. 179

Cannellonis au bœuf en sauce tomate

Pour 4 personnes

Vous pouvez cuire ces savoureux cannellonis dans un grand plat ou bien les préparer en portions individuelles.

Beurre
12 feuilles de lasagne SG
50 g (2 oz) de bœuf maigre, haché
2 gousses d'ail, pressées
1 gros oignon, finement haché
40 g (²/₅ tasse) de chapelure sèche SG
2 c. à s. de persil, ciselé
1 c. à t. d'origan séché
6 cl (¼ tasse) de vin blanc sec
1 œuf

60 g (½ tasse) de fontina, râpée
Sel et poivre noir du moulin
2 c. à s. de parmesan, fraîchement râpé

Pour la sauce tomate
1 c. à s. d'huile d'olive
1 oignon moyen, finement haché
2 gousses d'ail, pressées
425 g (15 oz) de tomates concassées en conserve

1 c. à t. de feuilles de thym
1 c. à t. d'origan frais
85 g (3 oz) de parmesan, fraîchement râpé
4 c. à s. de pâte de tomates
1 c. à t. de sauce soya
1 c. à t. de sauce Worcestershire
1 cube de bouillon de volaille
1 c. à t. de sucre
Sel et poivre noir du moulin

Beurrez un grand plat à gratin (ou des plats individuels). Dans une grande casserole remplie aux trois quarts d'eau bouillante, faites cuire les lasagnes comme indiqué sur le paquet, en remuant avec une cuillère en bois afin qu'elles ne collent pas les unes aux autres. Procédez en plusieurs fois si nécessaire. Égouttez-les et rincez-les sous l'eau froide, puis séchez-les sur un torchon propre. Faites dorer le bœuf 10 min dans une grande poêle. Jetez l'excès de gras, remettez la viande dans la poêle, puis ajoutez l'ail et l'oignon. Faites cuire 15 min sur feu doux, jusqu'à ce que le tout soit tendre. Laissez refroidir.

Dans un saladier, mélangez le bœuf avec la chapelure et les fines herbes. Ajoutez le vin, l'œuf, la fontina, du sel et du poivre. Réservez. Préchauffez le four à 340 °F (175 °C). Préparez la sauce tomate. Faites chauffer l'huile dans une grande casserole et mettez-y l'ail et l'oignon à cuire. Ajoutez ensuite les tomates, les fines herbes, le parmesan, la pâte de tomates, la sauce soya, la sauce Worcestershire, le bouillon cube et le sucre. Laissez frémir 15 min. Salez et poivrez selon votre goût et réservez. Déposez 2 ou 3 c. à s. de farce sur chaque feuille de lasagne et roulez. Étalez 3 c. à s. de sauce tomate dans un grand plat de service beurré. Disposez dessus les cannellonis, extrémités des feuilles de lasagne vers le bas, les uns à côté des autres. Arrosez du reste de sauce tomate, couvrez d'une feuille d'aluminium beurrée et enfournez pour 30 min environ. Saupoudrez de parmesan et servez aussitôt.

Voir variantes p. 180

Carré d'agneau à la gremolata et ses asperges

Pour 4 personnes

La gremolata est une succulente garniture italienne composée de persil, de citron et d'ail. Superbe pour un dîner élégant et sophistiqué, ce plat ravira vos invités.

Pour la gremolata
4 c. à s. de persil, fraîchement haché
Le zeste, finement râpé, de 2 citrons
2 à 3 gousses d'ail, finement hachées

1 carré d'agneau de 10 à 12 côtelettes
Sel et poivre noir du moulin
2 c. à s. d'huile végétale
350 g (12 oz) de pointes d'asperges
Quelques feuilles d'épinards fraîches
    et aïoli

Mélangez les ingrédients de la gremolata dans un bol et réservez. Préchauffez le four à 400 °F (200 °C). Retirez l'excès de gras de la viande, coupez le carré d'agneau en deux, puis salez et poivrez généreusement. Faites chauffer l'huile dans une grande poêle allant au four. Quand elle est chaude, mais avant qu'elle ne fume, faites-y dorer l'agneau, 2 min seulement par face. Glissez la poêle dans le four et faites cuire 20 à 25 min. La viande doit être encore un peu rosée à cœur. Sortez l'agneau du four et laissez-le reposer 10 min.
Pendant ce temps, faites blanchir les asperges 5 min dans de l'eau bouillante salée. Égouttez et réservez. Découpez le carré d'agneau en côtelettes, parsemez-les de gremolata, ajoutez les pointes d'asperges et servez chaque assiette garnie d'un peu d'aïoli (p. 183) et de quelques feuilles d'épinards fraîches.

Voir variantes p. 181

Épaule d'agneau rôtie

Pour 6 personnes

Ce plat rustique embaume l'ail et le romarin. La viande est si tendre qu'elle se détache toute seule de l'os. Servez-la accompagnée d'une bonne sauce de votre choix.

1 épaule d'agneau d'environ 900 g (2 lb),
   non désossée
2 c. à s. d'huile d'olive
Sel et poivre noir du moulin
1 oignon, grossièrement haché
1 carotte, coupée en petits dés
2 branches de céleri, émincées
6 brins de romarin frais
1 tête d'ail entière, non pelée, séparée
   en gousses

2 feuilles de sauge, finement hachées
70 cl (2 4/5 tasses) de vin blanc
45 cl (1 3/4 tasse) de bouillon d'agneau
   ou de volaille de qualité
1 cube de bouillon d'agneau ou de volaille
1 c. à s. de pâte de tomates
1 c. à s. de gelée de groseille
1 c. à s. de sauce Worcestershire
1 c. à s. de sauce soya
1 c. à s. de fécule de maïs

Préchauffez le four à 425 °F (220 °C). Incisez légèrement le gras de l'agneau avec un couteau aiguisé. Frottez toutes les faces avec de l'huile d'olive, du sel et du poivre. Tapissez le fond d'un plat à gratin avec l'oignon, la carotte, le céleri, la moitié du romarin et la moitié des gousses d'ail. Déposez la viande par-dessus et parsemez de sauge. Versez le vin autour de l'agneau et des légumes, couvrez de deux épaisseurs de papier d'aluminium et plaquez-les bien serré autour de la viande. Enfournez, baissez aussitôt à 300 °F (150 °C) et faites cuire 4 h. Au bout de ce temps, sortez l'agneau du four et transférez-le sur une planche à découper. Couvrez-le d'une feuille d'aluminium, sans l'emballer cette fois, et laissez reposer 15 min. Jetez sans vous brûler presque tout le gras du jus rendu par la viande et les légumes du plat, ajoutez 25 cl (1 tasse) d'eau et placez le plat sur feu moyen. Portez à ébullition, en

mélangeant pour déglacer. Filtrez la sauce dans une casserole de taille moyenne et conservez 5 gousses d'ail. Écrasez-les, en jetant les peaux, et ajoutez-les à la sauce. Ajoutez aussi le bouillon, le cube de bouillon, la pâte de tomates, la gelée de groseille, la sauce Worcestershire et la sauce soya, et mélangez. Incorporez la fécule de maïs délayée dans un peu d'eau de façon à obtenir une pâte et remuez jusqu'à ce que la sauce ait épaissi. Goûtez et rectifiez l'assaisonnement si nécessaire. Détachez la viande de l'os avec deux fourchettes et servez avec la sauce.

Voir variantes p. 182

Poulet épicé à la mangue

Pour 4 personnes

Vous pouvez épicer ce poulet selon votre goût. La garniture à la mangue complète agréablement ces saveurs.

Pour la garniture à la mangue
170 g (1 tasse) de mangue bien mûre, coupée
  en dés
110 g (3/5 tasse) d'oignons rouges,
  grossièrement hachés
110 g (1 tasse) de tomates, coupées en dés
2 c. à s. de coriandre, fraîchement ciselée
1 piment rouge, épépiné et finement haché

1 c. à s. de jus de citron vert
Sel et poivre noir du moulin

Pour le poulet
4 blancs de poulet, sans peau ni os
Épices jamaïcaines
Sel et poivre noir du moulin
2 c. à s. d'huile de canola

Pour confectionner la garniture, mélangez la mangue, l'oignon, la tomate, la coriandre, le piment et le jus de citron dans un saladier. Salez et poivrez selon votre goût. Couvrez et réservez au réfrigérateur.

Coupez les blancs de poulet en deux dans l'épaisseur, de façon à obtenir des escalopes plus fines. Enrobez soigneusement chaque morceau d'épices, de sel et de poivre. Faites chauffer l'huile dans une grande poêle et mettez-y les escalopes à revenir 4 à 5 min sur chaque face, sur feu vif. Vous pouvez aussi les cuire au barbecue. Servez bien chaud, avec la garniture à la mangue.

Voir variantes p. 183

Korma de poulet

Pour 4 personnes

Le korma est un curry doux et crémeux à base de lait de coco et de poudre d'amandes, qui confèrent un agréable fondant à la sauce. Servez-le avec un riz pilaf (p. 221) ainsi que des pommes de terre et du chou-fleur bhuna (p. 207).

3 c. à s. d'huile de canola
1 c. à s. de beurre
4 blancs de poulet, sans peau ni os, coupés
en cubes de 2,5 cm (1 po) de côté
1 gros oignon, grossièrement haché
2 gousses d'ail, pressées
1 piment vert doux, épépiné et finement haché
1 morceau de gingembre frais de 2,5 cm (1 po),
pelé et râpé

½ c. à t. de curcuma en poudre
1 c. à t. de cumin en poudre
1 c. à t. de coriandre moulue
400 g (14 oz) de lait de coco
110 g (1 ¼ tasse) d'amandes en poudre
12 cl (½ tasse) de bouillon de volaille de qualité
1 cube de bouillon de volaille
Sel et poivre noir du moulin
Amandes effilées

Faites chauffer 2 c. à s. d'huile et le beurre dans une grande poêle. Quand ils sont chauds, mais avant qu'ils ne fument, mettez-y le poulet à revenir 7 min sur feu vif. Retournez la viande avec une spatule, de façon qu'elle soit bien dorée sur toutes les faces. Transférez-la dans une assiette à l'aide d'une écumoire et réservez.

Ajoutez le reste d'huile dans la poêle et faites-y cuire l'oignon et l'ail 10 min environ sur feu moyen, jusqu'à ce qu'ils soient tendres et dorés. Ajoutez le piment, le gingembre, le curcuma, le cumin et la coriandre, et laissez cuire 2 min. Ajoutez le lait de coco, la poudre d'amandes, le bouillon de volaille, le bouillon cube, le sel et le poivre, sans cesser de remuer. Remettez le poulet dans la poêle, couvrez et laissez cuire 10 min à feu doux. Retirez le couvercle et poursuivez la cuisson 10 min, jusqu'à ce que la sauce ait épaissi. Servez parsemé d'amandes.

Voir variantes p. 184

Enchiladas au poulet

Pour 6 personnes

Vous trouverez des tortillas de maïs dans les grandes surfaces. Elles vous permettront de confectionner des enchiladas aussi savoureuses que nourrissantes. Succès assuré !

Pour la sauce tomate
2 c. à s. d'huile de canola
1 gousse d'ail, pressée
1 gros oignon, émincé
3 boîtes de 400 g (14 oz) de
  tomates au naturel
110 g (³/₅ tasse) de pâte de
  tomates
2 piments verts, finement
  hachés

1 cube de bouillon de volaille
2 c. à t. de sucre
2 c. à s. de coriandre, hachée
Sel et poivre noir du moulin

Pour les enchiladas
2 à 4 c. à s. d'huile de canola
1 gros oignon, finement émincé
1 poivron rouge, épépiné
  et émincé

4 blancs de poulet, sans peau
  ni os, coupés en biseau
  en fines lanières
1 boîte de 400 g (14 oz) de
  maïs en grains, égoutté
18 tortillas de maïs
350 g (12 oz) de cheddar,
  finement râpé
Crème sure et quartiers
  de citron vert

Préchauffez le four à 300 °F (150 °C). Préparez la sauce tomate. Pour cela, faites chauffer l'huile de canola dans une grande poêle placée sur feu moyen. Quand elle est chaude, mais avant qu'elle ne fume, mettez-y l'ail et l'oignon à cuire 5 min, jusqu'à ce qu'ils soient tendres. Ajoutez les tomates, la pâte de tomates, les piments verts, le bouillon cube, le sucre et la coriandre. Salez et poivrez. Portez à ébullition, couvrez, baissez le feu et laissez frémir 20 min. Si la sauce épaissit trop, ajoutez un peu d'eau. Réservez-la au chaud.
Pour réaliser la garniture, faites chauffer 1 c. à s. d'huile dans une grande poêle et mettez-y l'oignon et le piment à revenir 5 à 10 min sur feu moyen, jusqu'à ce qu'ils soient tendres. Retirez-les de la poêle et réservez-les.
Versez un peu d'huile supplémentaire si nécessaire et ajoutez le poulet. Faites-le revenir 5 à 10 min, le temps qu'il soit doré et presque cuit à cœur. Transférez-le dans un saladier

et ajoutez-y l'oignon et le poivron, le maïs et la moitié de la sauce tomate. Mélangez bien. Ajoutez un peu d'huile dans la poêle et faites-y revenir les tortillas, une par une, avant de les garnir, ce qui évite qu'elles ne s'imprègnent trop du jus. Égouttez-les sur du papier absorbant et réservez-les au chaud.

Pour composer les enchiladas, trempez une tortilla dans la sauce et posez-la sur une assiette chaude. Déposez un peu de garniture au centre, parsemez d'un peu de cheddar et enroulez. Répétez l'opération avec deux autres tortillas. Arrosez d'un peu de sauce et parsemez de cheddar. Gardez les trois premières tortillas au chaud dans le four le temps de préparer les trois dernières.

Servez avec de la crème sure et accompagné de quartiers de citron vert.

Voir variantes p. 185

Pâtes au poulet, au chorizo et aux légumes du Sud

Pour 4 personnes

Pâtes, poulet et chorizo dans une sauce tomate onctueuse composent un plat relevé et très goûteux.

4 c. à s. d'huile d'olive
450 g (16 oz) d'aubergines, coupées en dés
1 courgette, coupée en dés
1 poivron rouge, épépiné et coupé
  en carrés de 2,5 cm (1 po) de côté
4 blancs de poulet, sans peau ni os,
  coupés en biseau en lanières
½ c. à t. de paprika
110 g (4 oz) de chorizo

400 g (14 oz) de penne SG
2 portions de sauce tomate (p. 148)
70 g (2 ½ oz) de tomates séchées,
  coupées en quatre
3 c. à s. de basilic, fraîchement ciselé
  + un peu pour le service
Sel et poivre noir du moulin
Quelques copeaux de parmesan

Préchauffez le four à 375 °F (190 °C). Versez la moitié de l'huile dans un plat à gratin et faites chauffer 5 min. Ajoutez l'aubergine, la courgette et le poivron rouge, et mélangez. Faites cuire 25 min au four, jusqu'à ce qu'ils soient légèrement grillés sur les bords. Sortez-les du four et réservez. Faites chauffer le reste d'huile dans une grande poêle, mettez-y le poulet saupoudré de paprika à frire 10 min, le temps qu'il soit doré. Ajoutez le chorizo et prolongez la cuisson 5 min, jusqu'à ce que la viande et le chorizo soient cuits à cœur. Réservez. Faites cuire les pâtes 10 min dans une grande casserole remplie aux trois quarts d'eau bouillante. Égouttez-les, rincez-les à l'eau froide et réservez. Portez la sauce tomate à frémissement dans la casserole. Ajoutez les tomates séchées, l'aubergine, la courgette, le poivron, le poulet, le chorizo et le basilic. Salez et poivrez. Servez bien chaud, parsemé de basilic et de parmesan.

Voir variantes p. 186

Pad thaï

Pour 4 personnes

Ce plat traditionnel thaïlandais est composé de crevettes et de poulet poêlés, associés à du tamarin, des œufs et du nuoc-mâm, le tout relevé de coriandre et de piment.

450 g (16 oz) de nouilles de riz (en ruban, si vous en avez)
Le jus de 2 citrons verts
½ c. à t. de poivre de Cayenne
1 c. à s. de cassonade
2 c. à s. de nuoc-mâm
2 c. à s. de sauce soya
1 c. à t. de fécule de maïs
½ c. à t. de pâte de tamarin

2 c. à s. d'huile végétale
2 blancs de poulet, sans peau ni os, coupés en cubes de 2,5 cm (1 po) de côté
2 gousses d'ail
1 petit oignon rouge, émincé
110 g (4 oz) de germes de soya
230 g (8 oz) de grosses crevettes, cuites

60 g (2 oz) de cacahuètes salées, finement hachées
110 g (1 tasse) de coriandre, hachée
Poivre noir du moulin
2 piments rouges moyens, finement hachés
2 citrons verts, coupés en quartiers

Mettez les nouilles dans un saladier, couvrez-les d'eau bouillante et laissez-les gonfler 4 min. Égouttez-les et rincez-les à l'eau froide. Réservez.

Dans un bol, mélangez le jus de citron vert avec le poivre de Cayenne, la cassonade, le nuoc-mâm, la sauce soya, la fécule de maïs et la pâte de tamarin. Faites chauffer l'huile dans une grande poêle et mettez-y le poulet à revenir 5 min. Quand il est doré, retirez-le de la poêle et réservez. Mettez l'ail et l'oignon dans la poêle et faites-les cuire 5 min sur feu moyen. Ajoutez les nouilles et mélangez, pour bien réchauffer l'ensemble. Ajoutez la préparation à base de jus de citron vert, puis incorporez les germes de soya, les crevettes, la moitié des cacahuètes et de la coriandre, le poivre noir et le piment. Remettez le poulet dans la poêle et laissez réchauffer le tout 5 min. Servez parsemé du reste de cacahuètes et de coriandre, et garni de quartiers de citron vert.

Voir variantes p. 187

Poisson en croûte de pomme de terre

Pour 6 personnes

Ce poisson poché, agrémenté d'une sauce au persil et surmonté d'une purée de pommes de terre fondante, sera apprécié de toute la famille et se prête bien à la congélation.

Pour les pommes de terre
900 g (2 lb) de pommes de terre à purée,
 pelées et coupées en morceaux
10 cl (2/5 tasse) de lait entier
2 c. à s. de beurre
Sel et poivre noir du moulin

Pour le poisson
230 g (8 oz) de filet de poisson blanc ferme,
 comme du cabillaud, sans peau ni arêtes

230 g (8 oz) de filet de saumon, sans peau ni arêtes
110 g (4 oz) de poisson fumé, sans peau ni arêtes
35 cl (1 1/3 tasse) de lait entier
1 feuille de laurier
1 cube de fumet de poisson
1 c. à s. de beurre + un peu pour le plat
1 échalote, finement hachée
1 c. à s. de farine de riz
3 c. à s. de persil, fraîchement haché
110 g (8 oz) de grosses crevettes cuites,
 décortiquées

Préchauffez le four à 340 °F (175 °C) et beurrez un plat à gratin. Faites cuire les pommes de terre 20 min dans une grande casserole remplie aux trois quarts d'eau, jusqu'à ce qu'elles soient tendres. Égouttez-les, remettez-les dans la casserole et faites-les sécher 3 min sur feu doux. Écrasez-les, ajoutez le lait et le beurre, puis battez jusqu'à obtention d'une consistance lisse. Salez et poivrez selon votre goût. Réservez.

Vérifiez qu'il ne reste pas de petites arêtes dans le poisson et coupez-le en gros morceaux. Mettez ceux-ci dans une grande poêle, ajoutez le lait, le laurier et le bouillon cube. Faites cuire à feu très doux 8 min environ, jusqu'à ce que le poisson soit tendre. À l'aide d'une écumoire, transférez-le délicatement dans une assiette et filtrez le lait dans un pichet.

Faites fondre le beurre dans une casserole de taille moyenne et mettez-y l'échalote à revenir 5 min sur feu doux, jusqu'à ce qu'elle soit tendre.

Ajoutez la farine et mélangez-la au beurre pour obtenir un roux. Faites cuire 2 min avant de verser le lait peu à peu, sans cesser de remuer jusqu'à ce que le lait soit incorporé et que la sauce ait épaissi. Goûtez, rectifiez l'assaisonnement et ajoutez le persil. Incorporez délicatement le poisson et les crevettes, puis transférez dans le plat à gratin.

Déposez la purée sur le dessus, à la cuillère, de façon à recouvrir le poisson en sauce, puis créez des aspérités sur le dessus avec une fourchette. Enfournez pour 35 min, jusqu'à ce que le dessus soit doré et le plat très chaud. Servez aussitôt.

Voir variantes p. 188

Poisson pané croustillant et frites au four

Pour 4 personnes

La panure du poisson est réalisée avec une pâte mêlée d'eau gazeuse, qui la rend légère et croustillante.

Pour les frites
900 g (2 lb) de pommes de terre à frites
2 c. à s. d'huile d'olive
Poivre noir du moulin

Pour le poisson
1 c. à s. de farine de riz + 50 g (⅓ tasse)
4 filets de poisson blanc à chair ferme, comme du cabillaud, sans peau ni arêtes, de même taille
50 g (½ tasse) de fécule de maïs
1 c. à t. de levure chimique
Sel et poivre noir du moulin
1 blanc d'œuf
12 cl (½ tasse) d'eau gazeuse glacée
65 cl (2 ¾ tasses) d'huile de tournesol
Petits pois cuits et quartiers de citron

Préchauffez le four à 400 °F (200 °C). Pelez les pommes de terre, taillez-les en rondelles de 2 cm (⅘ po) d'épaisseur, puis chacune en frites larges de 2 cm (⅘ po). Mettez-les dans un saladier, séchez-les un peu avec du papier absorbant et poivrez généreusement. Versez la moitié de l'huile d'olive et mélangez avec une cuillère en bois pour en enrober les frites. Huilez une plaque de four avec le reste d'huile et faites-la chauffer 5 min dans le four. Disposez les frites sur la plaque et enfournez pour 35 min, jusqu'à ce qu'elles soient bien dorées et cuites à cœur.

Pendant ce temps, préparez le poisson. Versez 1 c. à s. de farine de riz dans une assiette.

Séchez les filets avec du papier absorbant et enrobez-les de farine de riz.

Dans un saladier, mélangez le reste de farine, la fécule, la levure, le sel et le poivre. Versez l'huile dans un wok ou une grande poêle et portez à 400 °F (200 °C). Dans un bol, battez le blanc d'œuf jusqu'à ce qu'il forme une écume, mais pas en neige trop ferme. Creusez un puits au centre du mélange sec et versez-y l'eau gazeuse, en fouettant légèrement. Ajoutez le blanc d'œuf et battez de nouveau, brièvement, sans ôter les bulles, de façon que la pâte reste légère. Trempez les filets de poisson dans la pâte pour les en enrober et transférez-les délicatement dans l'huile chaude à l'aide d'une écumoire. Faites-les frire 5 à 6 min, puis posez-les avec l'écumoire sur du papier absorbant. Servez avec les frites, les petits pois et les quartiers de citron.

Voir variantes p. 189

Pissaladière à la pomme de terre

Pour 4 personnes

Originaire du sud de la France, la pissaladière est à base de pâte à pizza. Dans cette variante idéale pour les végétariens, celle-ci est remplacée par une purée de pommes de terre.

2 c. à s. de beurre + un peu pour la plaque
600 g (1 lb) de pommes de terre, pelées et
    coupées en morceaux
1 gros œuf, légèrement battu
2 c. à s. de parmesan, finement râpé
Sel et poivre noir du moulin
2 c. à s. de purée de tomates séchées
2 c. à s. de pâte de tomates

3 tomates, coupées en rondelles fines
2 c. à s. de basilic, fraîchement ciselé
60 g (2 oz) de mozzarella, râpée
60 g (2 oz) d'emmental, râpé
60 g (2 oz) de filets d'anchois, égouttés
    sur du papier absorbant
Quelques olives noires, dénoyautées
    et coupées en rondelles

Beurrez légèrement une plaque de four et préchauffez le four à 400 °F (200 °C). Faites cuire les pommes de terre 20 min dans une grande casserole remplie d'eau aux trois quarts, jusqu'à ce qu'elles soient tendres. Égouttez-les, remettez-les dans la casserole et faites-les sécher 5 min à feu doux. Écrasez-les, puis ajoutez le beurre, l'œuf, le parmesan, du sel et du poivre. Battez jusqu'à l'obtention d'une purée lisse. Étalez celle-ci sur la plaque de four, en formant un rectangle de 20 × 30 cm (8 x 12 po) environ. Enfournez pour 20 min, puis sortez la plaque du four. Dans un saladier, mélangez la purée de tomates séchées et la pâte de tomates, puis étalez-les sur la base de pommes de terre. Disposez par-dessus les rondelles de tomate, le basilic, la mozzarella et l'emmental. Coupez chaque filet d'anchois en deux et disposez-les en quadrillage sur le fromage. Répartissez les rondelles d'olive et enfournez pour 10 min, jusqu'à ce que le fromage soit fondu. Servez aussitôt, découpé en parts carrées.

Voir variantes p. 190

Lasagnes aux légumes du soleil

Pour 6 personnes

Tout le monde aime les lasagnes, et cette version associant légumes grillés, sauce puttanesca et ricotta au pesto est riche en saveurs.

450 g (16 oz) de feuilles de lasagne SG

Pour la sauce puttanesca
2 portions de sauce tomate (p. 48)
170 g (6 oz) d'olives noires, dénoyautées
1 c. à s. de câpres, égouttées
1 c. à s. d'anchois, égouttés et finement hachés
½ c. à t. de piment rouge séché en poudre

Pour l'huile au pesto
2 gousses d'ail, pressées
1 grosse poignée de feuilles de basilic,
   fraîchement ciselées
12 cl (½ tasse) d'huile d'olive extravierge
1 c. à s. de parmesan, finement râpé

Sel et poivre noir du moulin
450 g (16 oz) de ricotta

Pour la garniture
1 gros oignon, grossièrement haché
1 courgette moyenne, coupée en rondelles
   de 0,5 cm (⅕ po) d'épaisseur
1 poivron rouge, épépiné et coupé en carrés
   de 2,5 cm (1 po) de côté
1 poivron jaune, épépiné et coupé en carrés
   de 2,5 cm (1 po) de côté
1 aubergine (environ 13 cm [5 po] de long),
   coupée en cubes de 2,5 cm (1 po) de côté
3 c. à s. d'huile d'olive + un peu pour le plat
230 g (8 oz) de mozzarella, râpée

Faites cuire les feuilles de lasagne comme indiqué sur l'emballage. Égouttez-les, rincez-les sous l'eau froide et laissez-les sécher sur un torchon propre. Mélangez tous les ingrédients de la sauce puttanesca dans un saladier et réservez.

Pour préparer l'huile au pesto, mixez l'ail, le basilic, l'huile d'olive, le parmesan, le sel et le poivre jusqu'à ce que les feuilles de basilic soient bien hachées et incorporées dans l'huile. Dans un saladier, mélangez la ricotta avec une grande partie de l'huile au pesto. Réservez le reste.

Préchauffez le gril. Mettez l'oignon, la courgette, les poivrons et l'aubergine dans un saladier, versez l'huile d'olive et remuez pour les en rober. Salez, poivrez, puis disposez les légumes sur une plaque de four. Faites-les griller 5 min environ, jusqu'à ce qu'ils soient un peu brunis sur les bords et cuits à cœur. Laissez légèrement tiédir.

Préchauffez le four à 340 °F (175 °C). Étalez la sauce au fond d'un grand plat peu profond allant au four et huilé. Disposez une couche de feuilles de lasagne, une couche de ricotta au pesto, une couche de légumes, une autre de mozzarella, puis une de sauce. Répétez l'opération jusqu'à épuisement des ingrédients, en terminant par la mozzarella. Enfournez pour 1 h 15, jusqu'à ce que le dessus soit doré et que des bulles se forment. Laissez reposer 10 min. Arrosez d'un filet d'huile au pesto avant de servir.

Voir variantes p. 191

Pizza à la polenta
lard-champignons-épinards

Pour 4 personnes

La polenta se prête à de très nombreuses utilisations. Ici, elle sert de pâte à pizza, garnie de champignons et d'épinards, et agrémentée de fines herbes et d'épices.

2 c. à s. d'huile de canola + un peu pour la plaque
12 cl (½ tasse) de lait entier
60 cl (2 ½ tasses) de bouillon de volaille
1 c. à t. de sel
110 g (⅘ tasse) de polenta (à gros grains)
230 g (8 oz) de champignons, émincés

60 g (1 tasse) d'épinards frais
Poivre noir du moulin
110 g (4 oz) d'emmental, finement râpé
1 tomate, coupée en tranches, puis chaque tranche coupée en quatre
6 bandes de lard, dorées, puis hachées

Huilez une plaque de four. Mélangez le lait, le bouillon et le sel dans une grande casserole placée sur feu moyen. Portez à frémissement et versez peu à peu la polenta, sans cesser de fouetter. Laissez frémir, toujours en remuant, jusqu'à obtenir une consistance épaisse. Ajoutez un peu d'eau si nécessaire. Incorporez 1 c. à s. d'huile, puis étalez la polenta sur la plaque en un cercle de 1,3 cm (½ po) d'épaisseur environ. Couvrez de film alimentaire et placez au réfrigérateur au moins 1 h, voire toute une nuit. Préchauffez le four à 450 °F (200 °C). Retirez le film et enfournez pour 25 min, le temps que le fond de pizza soit doré. Pendant ce temps, faites chauffer 1 c. à s. d'huile dans une poêle et mettez-y les champignons à cuire 10 min sur feu doux. Ajoutez les épinards et laissez-les fondre. Égouttez 3 min sur une assiette recouverte d'un torchon, salez et poivrez. Sortez le fond du four et garnissez-le de fromage, d'épinards et de champignons. Ajoutez la tomate et le lard, et enfournez pour 5 min de plus. Servez.

Voir variantes p. 192

Cabillaud frit et purée de haricots blancs à l'ail

Pour 4 personnes

Croustillant à l'extérieur, blanc et tendre à l'intérieur, ce poisson est accompagné d'une originale purée de haricots blancs à l'ail.

4 filets épais de poisson blanc, comme
    du cabillaud, sans peau ni arêtes
2 c. à s. de farine de riz
2 c. à s. de fécule de maïs
Sel et poivre noir du moulin
6 c. à s. d'huile d'olive
1 petit oignon, finement haché

2 gousses d'ail, pressées
2 boîtes de 450 g (16 oz) de haricots blancs,
    égouttés
3 c. à s. de persil, fraîchement haché
    + un peu pour le service
Quartiers de citron

Vérifiez qu'il ne reste pas d'arêtes dans le poisson. Dans une grande assiette, mélangez la farine de riz et la fécule de maïs, salez et poivrez. Roulez les filets de poisson dans la farine et réservez. Faites chauffer 1 c. à s. d'huile d'olive dans une casserole de taille moyenne, mettez-y l'oignon et l'ail à cuire 5 min sur feu doux, jusqu'à ce qu'ils soient tendres. Ajoutez les haricots blancs et réchauffez-les 5 min. Versez le tout dans un mixeur, ajoutez le persil et 3 c. à s. d'huile d'olive, et mixez pour obtenir une purée lisse. Remettez celle-ci dans la casserole, ajoutez 3 c. à s. d'eau, puis salez et poivrez. Couvrez et réservez au chaud. Faites chauffer le reste d'huile d'olive dans une grande poêle et, avant qu'elle ne fume, mettez-y les filets à frire sur feu vif, 2 à 3 min par face, jusqu'à ce qu'une croûte dorée se forme. Servez aussitôt, en déposant le poisson sur la purée, puis en garnissant le tout de persil et de quartiers de citron à presser sur le poisson.

Voir variantes p. 193

Boulettes de porc à l'aigre-douce

Pour 6 personnes

Ces boulettes de porc sont légères et goûteuses. La sauce à l'aigre-douce qui les agrémente en exalte les saveurs. Vous pouvez les accompagner de riz à la vapeur.

Pour la sauce
110 g (½ tasse) de ketchup
2 c. à t. de sauce soya
12 cl (½ tasse) de vinaigre blanc
300 g (1 ½ tasse) de sucre
85 g (⅖ tasse) de cassonade
3 c. à s. de fécule de maïs

Pour les boulettes de porc
90 g (⅗ tasse) de farine de riz

2 c. à s. de farine de tapioca
60 g (⅖ tasse) de fécule de pomme de terre
110 g (⅘ tasse) de fécule de maïs
1 c. à t. de levure chimique
1 c. à t. de bicarbonate de soude
1 c. à t. de sucre
900 g (2 lb) de viande de porc maigre, coupée en cubes de 2,5 cm (1 po) de côté
Huile de canola

Dans une casserole de taille moyenne, mélangez le ketchup, la sauce soya, le vinaigre, 20 cl (¾ tasse) d'eau, le sucre et la cassonade. Laissez frémir 5 min, en remuant. Dans un bol, délayez la fécule dans 6 cl (¼ tasse) d'eau et versez dans la sauce. Laissez épaissir, tout en remuant. Réservez au chaud. Dans un saladier, mélangez les farines, les fécules, la levure, le bicarbonate et le sucre. Creusez un puits au centre et ajoutez suffisamment d'eau (25 cl [1 tasse] environ) pour obtenir une pâte épaisse. Essuyez la viande avec un torchon. Versez 7 à 10 cm (2¾ po) d'huile dans une grande sauteuse et faites-la chauffer à 375 °F (190 °C). Trempez le porc dans la pâte avant de le plonger délicatement dans l'huile. Faites cuire, par petites quantités, 5 min, jusqu'à ce que la viande soit dorée. Sortez avec une écumoire et égouttez sur du papier absorbant. Servez avec la sauce.

Voir variantes p. 194

Tajine de poulet à la marocaine

Pour 4 personnes

Ce plat réchauffera vos dîners hivernaux, notamment grâce à la présence du gingembre et de la cannelle – une touche exotique qui rappelle la chaleur marocaine.

8 cuisses de poulet, sans peau ni os
2 c. à s. de fécule de maïs
Sel et poivre noir du moulin
2 c. à s. d'huile de canola ou d'olive
2 oignons rouges moyens, finement hachés
2 gousses d'ail, pressées
1 c. à t. de gingembre moulu
1 c. à t. de cumin moulu

½ c. à t. de cannelle moulue
3 citrons
30 cl (1 ¼ tasse) de bouillon de volaille de qualité
1 c. à s. de miel
1 cube de bouillon de volaille
8 olives vertes, dénoyautées
2 c. à s. de coriandre, fraîchement hachée

Préchauffez le four à 340 °F (175 °C). Dégraissez bien les cuisses de poulet. Mettez la fécule de maïs dans une assiette, salez, poivrez, puis roulez-y le poulet jusqu'à l'enrober sur toutes les faces.

Faites chauffer l'huile dans une grande poêle et mettez-y l'oignon et l'ail à cuire 5 min, jusqu'à ce qu'ils soient tendres. Ajoutez le gingembre, le cumin et la cannelle. Mélangez intimement et laissez cuire 3 min. Coupez les citrons en quartiers, ajoutez-les dans la poêle et poursuivez la cuisson 3 min. Ajoutez l'éventuel reste de fécule de maïs, mélangez, puis versez le bouillon et le miel, sans cesser de remuer. Émiettez le bouillon cube dans la poêle, mélangez bien, puis transférez le tout dans une grande cocotte.

Couvrez et enfournez pour 1 h environ, jusqu'à ce que toutes les saveurs se soient mêlées et que le poulet soit cuit à cœur. Sortez la cocotte du four et incorporez-y les olives et la coriandre. Goûtez et rectifiez l'assaisonnement si nécessaire. Servez aussitôt.

Voir variantes p. 195

Variantes

Bœuf au vin rouge et aux champignons

Recette de base p. 141

Bœuf au vin rouge, haricots rouges et piment

Suivez la recette de base, en supprimant 110 g (4 oz) de bœuf et en ajoutant
1 boîte de 400 g (14 oz) de haricots rouges, un peu de sauce piquante
(à votre goût) et 2 c. à t. de piment en poudre mi-fort.

Bœuf au vin rouge et quenelles au raifort

Suivez la recette de base. Pour confectionner les quenelles, mélangez 40 g
(¼ tasse) de farine de riz, 60 g (½ tasse) de fécule de maïs, 110 g (½ tasse)
de beurre surgelé râpé, 2 c. à s. de crème de raifort, du sel, du poivre noir du
moulin et suffisamment d'eau pour obtenir une pâte souple. Formez 8
boulettes et posez-les sur le dessus dans la cocotte, 15 min avant la fin de la
cuisson.

Bœuf au porto, poivrons et aubergine

Suivez la recette de base, en remplaçant la moitié du vin rouge par du porto.
Remplacez 110 g (4 oz) de champignons par ½ poivron rouge et ½ poivron
vert, épépinés et émincés, et 110 g (4 oz) d'aubergine coupée en cubes, à
ajouter dans la poêle avec les champignons.

Bœuf au vin rouge et aux baies de genièvre

Suivez la recette de base, en ajoutant 1 c. à s. de baies de genièvre dans
la poêle avec l'oignon.

Tourtes de bœuf en croûte de pomme de terre

Recette de base p. 142

Tourtes poulet-champignons en croûte de pomme de terre

Suivez la recette de base, en remplaçant le bœuf, le bouillon de bœuf et le cube de bouillon de bœuf par 450 g (16 oz) de blancs de poulet désossés et coupés en cubes, du bouillon de volaille et 1 cube de bouillon de volaille. Ajoutez avec l'oignon 110 g (4 oz) de champignons coupés en petits dés.

Tourtes agneau-romarin en croûte de pomme de terre

Suivez la recette de base, en remplaçant le bœuf, le bouillon de bœuf et le cube de bouillon de bœuf par 450 g (16 oz) d'agneau haché, du bouillon de volaille et 1 cube de bouillon d'agneau ou de volaille. Remplacez les fines herbes par du romarin.

Tourtes saucisse-haricots à la tomate en croûte de pomme de terre

Suivez la recette de base, en remplaçant le bœuf, le bouillon de bœuf et le cube de bouillon de bœuf par 340 g (12 oz) de saucisse fumée hachée, 12 cl (½ tasse) de bouillon de volaille et 1 cube de bouillon de volaille. Ajoutez 1 boîte de 450 g (16 oz) de haricots blancs à la sauce tomate en même temps que le bouillon.

Tourtes oignon-fromage en croûte de pomme de terre croustillante

Suivez la recette de base, en supprimant tous les ingrédients à base de viande. Mélangez 2 c. à s. de beurre, 1 oignon haché et sauté et 140 g (5 oz) de cheddar râpé à 900 g (4 tasses) de purée de pommes de terre. Versez sur les fonds de tartelettes, puis parsemez de fromage et enfournez pour 20 min. Passez 2 à 3 min sous le gril.

Variantes

Poulet pané au parmesan

Recette de base p. 145

Poulet pané, sauce rhum-agrumes

Suivez la recette de base et préparez une sauce aux agrumes. Faites revenir
2 c. à s. d'oignon, autant de carotte et autant de céleri, tous coupés en petits
dés, dans un peu d'huile, jusqu'à ce qu'ils soient tendres. Ajoutez 1 c. à s. de
pâte de tomates, 1 gousse d'ail pressée, 1 feuille de laurier, 1 c. à t. de poivre
noir, 25 cl (1 tasse) de bouillon de bœuf, 35 cl (1 ⅓ tasse) de jus d'orange,
6 cl (¼ tasse) de rhum brun et 6 cl (¼ tasse) de crème épaisse. Faites cuire, à
couvert, 30 min sur feu doux, avant d'épaissir avec un peu de fécule de maïs
délayée. Assaisonnez selon votre goût.

Crevettes panées à la noix de coco

Suivez la recette de base, en remplaçant le poulet par 450 g (16 oz) de crevettes
de taille moyenne et la chapelure par 170 g (2 ¼ tasses) de noix de coco râpée.

Poulet pané, sauce à pizza et mozzarella

Suivez la recette de base, en ajoutant 2 c. à s. de sauce à pizza (p. 112) et
2 rondelles de mozzarella sur chaque morceau de poulet 10 min avant la fin
de la cuisson.

Poulet pané sans lait, aux flocons d'avoine et aux amandes

Suivez la recette de base, en remplaçant le parmesan par 30 g (½ tasse)
d'amandes hachées et la chapelure par 170 g (1 tasse) de flocons d'avoine.

Variantes

Tourte au bœuf et à l'oignon

Recette de base p. 146

Tourte au bœuf, à l'oignon et aux marrons grillés
Suivez la recette de base, en ajoutant 450 g (16 oz) de marrons grillés. Pour
ce faire, réalisez une petite incision dans la peau de chaque côté des
marrons. Faites griller ceux-ci 25 min sur une plaque à rôtir, à 375 °F
(190 °C). Laissez tiédir légèrement. Épluchez les marrons, puis ajoutez-les
dans la préparation au bœuf et à l'oignon.

Tourte au poulet et aux légumes primeur
Suivez la recette de base, en utilisant une sauce blanche (p. 89) et en
ajoutant dans la tourte 340 g (12 oz) de poulet cuit coupé en dés et 450 g
(16 oz) de légumes primeur cuits.

Tourte au fromage, à l'oignon et à la ciboulette
Au lieu de suivre la recette de base, disposez des couches de rondelles
de pomme de terre cuites, de tranches d'emmental et d'oignons finement
émincés. Salez, poivrez et parsemez chaque couche de ciboulette ciselée.
Surmontez de pâte comme dans la recette de base.

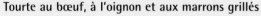

Tourte au bœuf, aux petits oignons et aux baies de genièvre
Suivez la recette de base, en remplaçant les gros oignons par 340 g (12 oz)
de petits oignons. Ajoutez 1 c. à s. de baies de genièvre avant d'enfourner.

Cannellonis au bœuf en sauce tomate

Recette de base p. 148

Cannellonis épinards-ricotta en sauce tomate
Suivez la recette de base, en supprimant la farce au bœuf. Remplacez-la par 450 g (16 oz) de ricotta mélangée à 110 g (3/5 tasse) d'épinards cuits, refroidis et hachés, avant de saler et de poivrer selon votre goût.

Cannellonis poulet-épinards en sauce tomate
Suivez la recette de base, en remplaçant le bœuf par du poulet haché et en ajoutant 60 g (1/3 tasse) d'épinards cuits, refroidis et hachés, dans la poêle en même temps que le fromage.

Cannellonis aux épinards, aux noix et au mascarpone
Suivez la recette de base, en remplaçant la moitié du bœuf par 230 g (8 oz) de mascarpone et en ajoutant 40 g (1/3 tasse) de noix hachées dans la poêle en même temps que le fromage.

Cannellonis au bœuf, sans lait, en sauce tomate
Suivez la recette de base, en remplaçant le fromage de la farce au bœuf et de la sauce tomate par du fromage sans lait. Huilez le plat et le papier d'aluminium au lieu de les beurrer. Supprimez le parmesan.

Variantes

Carré d'agneau à la gremolata et ses asperges

Recette de base p. 150

Carré d'agneau à la moutarde et au romarin
Suivez la recette de base, en supprimant la gremolata. Assaisonnez l'agneau,
puis étalez dessus 2 c. à s. de moutarde de Dijon et parsemez de 1 c. à s.
de romarin séché. Faites dorer et rôtir comme indiqué.

Carré d'agneau aux épices marocaines
Suivez la recette de base, en supprimant la gremolata, le sel et le poivre noir.
Assaisonnez l'agneau d'un mélange d'épices marocaines. Mélangez 1 c. à t.
de cumin moulu, 1 c. à t. de gingembre moulu, 1 c. à t. de sel, 1 c. à t. de
poivre noir et ½ c. à t. de chacune des épices suivantes : cannelle moulue,
coriandre moulue, poivre de Cayenne, quatre-épices et clou de girofle en
poudre. Faites dorer et rôtir comme indiqué.

Carré d'agneau aux épices du Cachemire
Suivez la recette de base, en supprimant la gremolata. Assaisonnez l'agneau
avec du sel, du poivre noir et 1 c. à s. de garam masala. Faites dorer et rôtir
comme indiqué.

Variantes

Épaule d'agneau rôtie

Recette de base p. 152

Poitrine de porc rôtie
Suivez la recette de base, en remplaçant l'agneau par 900 g (2 lb) de poitrine
de porc, et le romarin par 3 brins de thym et 3 brins de sauge. Posez la viande,
la peau vers le haut, sur les légumes. Utilisez 1 cube de bouillon de volaille. Au
bout de 3 h de cuisson, ôtez le papier d'aluminium, baissez à 400 °F (200 °C)
et laissez cuire 20 min, jusqu'à ce que la couenne soit croustillante.

Poulet rôti à l'oignon
Suivez la recette de base, en remplaçant l'agneau par 1 gros poulet découpé
en 6 morceaux, et le romarin par 3 brins de thym et 3 brins de sauge. Ne
faites cuire que 2 h. Retirez le papier d'aluminium durant les 20 dernières
minutes, pour dorer la peau.

Poitrine de bœuf rôtie
Suivez la recette de base, en remplaçant l'agneau par 900 g (2 lb) de poitrine
de bœuf. Utilisez du bouillon de bœuf et 1 cube de bouillon de bœuf.
Ajoutez aux légumes 1 boîte de 400 g (14 oz) de haricots beurre égouttés.

Épaule d'agneau rôtie au sirop de grenade
Suivez la recette de base, en supprimant le romarin et l'ail. Versez 10 cl
(2/5 tasse) de vinaigrette au sirop de grenade (p. 218) sur l'agneau avant
d'enfourner.

Poulet épicé à la mangue

Recette de base p. 155

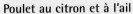

Poulet au citron et à l'ail
Suivez la recette de base, en supprimant les épices et la garniture à la mangue. Faites revenir 2 gousses d'ail finement hachées dans l'huile avant d'ajouter le poulet. Pressez 1 citron au-dessus du poulet juste avant la fin de la cuisson.

Poulet épicé et aïoli
Suivez la recette de base, en remplaçant la garniture à la mangue par un aïoli. Dans un petit saladier, mélangez 230 g (8 oz) de mayonnaise de qualité et 2 gousses d'ail pressées.

Poulet épicé et garniture à l'ananas
Suivez la recette de base, en remplaçant la garniture à la mangue par une garniture à l'ananas. Dans un petit saladier, mélangez 3 c. à s. de cassonade, 2 c. à s. de sauce soya, 230 g (1 ½ tasse) d'ananas frais coupé en petits dés, 3 c. à s. de coriandre fraîchement hachée et 1 piment rouge finement haché. Couvrez et placez au réfrigérateur jusqu'au moment de servir.

Poulet aux épices cajun
Suivez la recette de base, en remplaçant les épices jamaïcaines par des épices cajun.

Variantes

Korma de poulet

Recette de base p. 156

Balti de poulet

Suivez la recette de base, en supprimant les amandes et le lait de coco. Remplacez-les par 1 boîte de 400 g (14 oz) de tomates concassées et ajoutez 1 c. à t. de cannelle moulue, 1 c. à t. de garam masala et 1 c. à t. de piment en poudre. Ajoutez 60 g (½ tasse) de coriandre fraîchement hachée juste avant de servir.

Curry doux de poulet

Supprimez les amandes. Ajoutez 1 c. à t. de graines de moutarde pilées et autant de paprika. Ajoutez 1 c. à s. de jus de citron juste avant de servir.

Curry de poulet aux épinards

Suivez la recette de base, en supprimant les amandes en poudre et le lait de coco. Ajoutez à la sauce 3 tomates coupées en quartiers, les graines de 3 gousses de cardamome, 2 c. à t. de garam masala et 60 g (1 tasse) d'épinards frais. Juste avant de servir, incorporez 30 g de coriandre fraîchement hachée et 4 c. à s. de yogourt nature.

Poulet dhansak sans lait

Suivez la recette de base, en supprimant les amandes en poudre et le lait de coco. Ajoutez 1 boîte de 400 g (14 oz) de lentilles vertes égouttées, 1 boîte de 400 g (14 oz) de tomates concassées et 2 c. à t. de piment en poudre mi-fort. Remplacez le beurre dans le riz par de l'huile de canola.

Enchiladas au poulet

Recette de base p. 158

Enchiladas au poulet à la crème
Suivez la recette de base, en supprimant la farce au poulet. Mélangez bien
8 ciboules hachées, 340 g (12 oz) de champignons finement émincés et
sautés, 450 g (16 oz) de poulet cuit coupé en dés, 110 g (4 oz) de maïs en
grains, 1 pincée de piment en poudre et 230 g (1 tasse) de crème sure.
Farcissez les enchiladas comme indiqué.

Enchiladas au bœuf
Suivez la recette de base, en remplaçant le poulet par 500 g (1 lb) de bœuf haché.

Enchiladas aux œufs brouillés
Suivez la recette de base, en supprimant la farce au poulet. Remplacez-la
par 8 œufs brouillés cuits avec 6 ciboules finement hachées, 2 piments verts
finement hachés, 60 g (½ tasse) de coriandre fraîchement hachée et
4 tomates coupées en dés fins. Salez et poivrez.

Enchiladas et salade de haricots
Suivez la recette de base. Dans un saladier, mélangez 400 g (14 oz) de chacun
des légumes suivants en conserve : haricots rouges, haricots blancs, haricots
verts et maïs en grains, tous égouttés. Ajoutez 60 g (½ tasse) de coriandre
fraîchement hachée, 2 c. à s. de jus de citron vert, 2 c. à t. de miel, 10 cl
(⅖ tasse) d'huile d'olive et 110 g (2 tasses) de laitue émincée.

Variantes

Pâtes au poulet, au chorizo et aux légumes du Sud

Recette de base p. 161

Pâtes à la saucisse, aux épinards, aux olives et au basilic

Suivez la recette de base, en supprimant 1 blanc de poulet et le chorizo. Faites dorer 230 g (8 oz) de saucisse fumée émiettée en même temps que le poulet. Ajoutez 60 g (1 tasse) d'épinards frais et 8 olives noires dénoyautées 5 min avant de servir.

Pâtes au crabe et aux crevettes, sauce tomate à la crème

Suivez la recette de base, en remplaçant le poulet et le chorizo par 230 g (8 oz) de chair de crabe et 230 g (8 oz) de crevettes de taille moyenne. Juste avant de servir, incorporez 3 c. à s. de crème épaisse.

Pâtes au chèvre, aux épinards et aux pignons de pin

Suivez la recette de base, en supprimant le poulet, le chorizo et l'aubergine. Ajoutez 230 g (8 oz) de fromage de chèvre coupé en dés, 60 g (1 tasse) d'épinards frais et 40 g (1/3 tasse) de pignons de pin dans la casserole juste avant de servir.

Pâtes aux champignons, à l'ail et aux tomates cerises

Suivez la recette de base, en supprimant 2 blancs de poulet et le chorizo. Ajoutez 450 g (16 oz) de champignons hachés dans la poêle une fois que le poulet est doré, puis laissez cuire 5 min. Ajoutez 8 tomates cerises au moment de réchauffer la sauce tomate.

Variantes

Pad thaï

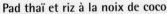

Recette de base p. 162

Pad thaï et riz à la noix de coco
Suivez la recette de base et servez avec un riz à la noix de coco. Faites cuire 250 g
(9 oz) de riz au jasmin 10 min dans une grande casserole remplie aux trois quarts
d'eau bouillante. Égouttez et remettez le riz en casserole. Mélangez avec 2 c. à s.
de pâte de noix de coco sur feu doux, le temps qu'elle fonde. Servez aussitôt.

Poulet et crevettes poêlés, sauce aux haricots noirs
Suivez la recette de base, en supprimant le jus de citron, la cassonade, le nuoc-
mâm et les cacahuètes. Ajoutez aux crevettes 3 c. à s. de haricots noirs, 2 c. à s.
de sauce soya, 1 c. à t. de sucre et 2 c. à s. de bouillon de volaille.

Curry vert thaï au poulet
Suivez la recette de base, en remplaçant les nouilles, le jus de citron, le poivre de
Cayenne, la cassonade et le tamarin par 2 c. à s. de pâte de curry vert, 1 boîte de
400 g (14 oz) de lait de coco et 170 g (6 oz) de haricots verts fins coupés en
petits tronçons. Supprimez les crevettes, les germes de soya et les cacahuètes, et
ajoutez 2 blancs de poulet supplémentaires. Servez avec du riz à la noix de coco
(voir ci-dessus).

Pad thaï et pak choi
Suivez la recette de base. Coupez la base de 1 pak choi, lavez-le et hachez-le
finement. Ajoutez-le dans la poêle avec l'ail et l'oignon.

Poisson en croûte de pomme de terre

Recette de base p. 164

Espadon en croûte de patate douce

Suivez la recette de base, en remplaçant le poisson fumé par de l'espadon, dont vous aurez retiré la peau et les arêtes. Remplacez la moitié des pommes de terre par des patates douces.

Poisson et maïs en croûte de pomme de terre au fromage

Suivez la recette de base, en remplaçant le lait par de la crème liquide. Ajoutez à la sauce 85 g (⅖ tasse) de maïs en grains égoutté et parsemez les pommes de terre de 3 c. à s. d'emmental râpé avant d'enfourner.

Poisson et poireau en croûte de pomme de terre

Suivez la recette de base, en ajoutant 1 poireau coupé en petits morceaux dans la poêle avec l'échalote.

Poisson et œufs durs en croûte de pomme de terre

Suivez la recette de base, en incorporant 3 œufs durs coupés en morceaux dans la sauce avec le poisson.

Poisson en croûte de pomme de terre à la crème, sans lait

Suivez la recette de base, en remplaçant le lait et le beurre des pommes de terre et de la sauce par du lait de riz ou d'amande et de la margarine sans lait.

Poisson pané croustillant et frites au four

Recette de base p. 166

Poisson pané croustillant et pois cassés
Suivez la recette de base. Faites cuire à l'eau bouillante 500 g (1 lb) de pois cassés jusqu'à ce qu'ils soient tendres. Égouttez et remettez-les en casserole. Ajoutez 1 c. à s. de persil fraîchement haché, 1 c. à s. de menthe fraîchement ciselée et 2 c. à t. de crème épaisse. Passez au mixeur plongeant ou bien écrasez légèrement au presse-purée.

Poisson pané croustillant et petits pois à la française
Suivez la recette de base. Dans une grande casserole, faites revenir 3 bandes de lard coupées en morceaux et 4 ciboules hachées. Ajoutez les feuilles de 1 laitue et faites cuire 4 min. Ajoutez 12 cl (½ tasse) de bouillon de volaille et 500 g (1 lb) de petits pois frais ou surgelés, puis laissez cuire doucement 7 min, jusqu'à ce qu'ils soient tendres et que le bouillon ait réduit. Servez avec le poisson.

Poisson pané croustillant à la sauce tartare
Suivez la recette de base. Dans un saladier de taille moyenne, mélangez 230 g (1 tasse) de mayonnaise de qualité, 2 c. à s. de câpres rincées, 2 c. à s. de cornichons hachés, 2 c. à s. de persil fraîchement haché, 1 c. à t. de jus de citron, ainsi que du sel et du poivre selon votre goût.

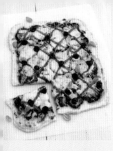

Pissaladière à la pomme de terre

Recette de base p. 168

Pissaladière à la patate douce
Suivez la recette de base, en remplaçant la moitié des pommes de terre par des patates douces.

Pissaladière à la pomme de terre, au rutabaga et au pepperoni
Suivez la recette de base, en remplaçant la moitié des pommes de terre par des rutabagas. Remplacez les anchois et les olives par quelques rondelles de pepperoni disposées sous le fromage.

Pissaladière à la pomme de terre, à la courge et aux champignons
Suivez la recette de base, en remplaçant la moitié des pommes de terre par de la courge butternut hachée. Supprimez les anchois et les olives, et ajoutez une couche de champignons émincés légèrement sautés, puis disposés sous le fromage.

Pissaladière à la pomme de terre, sans lait
Suivez la recette de base, en remplaçant le beurre et les fromages par de la margarine sans lait et du fromage sans lait.

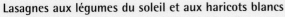

Lasagnes aux légumes du soleil

Recette de base p. 170

Lasagnes aux légumes du soleil et aux haricots blancs

Suivez la recette de base, en ajoutant 170 g (6 oz) de haricots blancs égouttés avec les légumes cuits au moment de disposer les différentes couches du plat.

Lasagnes aux légumes et aux fruits de mer

Suivez la recette de base, en ajoutant une couche supplémentaire composée de 170 g (6 oz) de fruits de mer cuits, tels que des crevettes, des palourdes et du crabe.

Lasagnes au bœuf haché

Suivez la recette de base, en remplaçant les légumes par le bœuf haché des cannellonis au bœuf (p. 148).

Lasagnes aux légumes, au poulet et au maïs

Suivez la recette de base, en ajoutant une couche supplémentaire composée de 170 g (6 oz) de poulet coupé en dés, cuit et assaisonné, et 170 g (6 oz) de maïs en grains.

Lasagnes aux légumes primeur

Suivez la recette de base, en supprimant les légumes grillés. Remplacez-les par divers légumes primeur cuits à la vapeur, comme des brocolis, des asperges, du céleri, des pois et des pois gourmands.

Pizza à la polenta lard-champignons-épinards

Recette de base p. 172

Pizza à la polenta, aux oignons caramélisés et au chèvre

Suivez la recette de base, en supprimant le fromage et le lard. Remplacez-les par 230 g (1 tasse) d'oignons caramélisés (p. 101) et 60 g (2 oz) de fromage de chèvre coupé en dés.

Pizza à la polenta, au pepperoni et au piment

Suivez la recette de base, en ajoutant une dizaine de rondelles de pepperoni et en parsemant de 1 piment rouge finement haché.

Pizza à la polenta, à la saucisse et au poivron

Suivez la recette de base, en supprimant le lard. Remplacez-le par 85 g (3 oz) de saucisse cuite et émiettée et ½ poivron rouge finement émincé et légèrement sauté.

Pizza à la polenta sans lait

Suivez la recette de base, en remplaçant le lait entier par du lait d'avoine ou de riz. Supprimez le fromage.

Variantes

Cabillaud frit et purée de haricots blancs à l'ail

Recette de base p. 173

Dorade frite et garniture à la mangue
Suivez la recette de base, en utilisant de la dorade et en servant avec
une garniture à la mangue (p. 155).

Espadon frit et croûte de panure
Suivez la recette de base, en utilisant de l'espadon. Préparez une croûte
en mélangeant 60 g (½ tasse) de chapelure SG, 40 g (1 ½ oz) de parmesan,
2 c. à s. de persil fraîchement haché, 1 c. à s. de jus de citron vert, du sel et du
poivre. Étalez sur le poisson et faites doucement revenir 5 à 6 min dans de l'huile
d'olive, jusqu'à ce que le poisson soit cuit.

Crevettes à la noix de coco, sauce au piment doux
Au lieu de suivre la recette de base, roulez 450 g (16 oz) de grosses crevettes
cuites et décortiquées dans de la farine de riz, trempez-les dans de l'œuf battu
avant de les rouler dans de la noix de coco râpée. Faites frire dans de l'huile de
canola, 4 à 5 min par face. Servez avec une sauce pimentée.

Burgers de poisson à la moutarde douce
Au lieu de suivre la recette de base, hachez grossièrement le poisson et mélangez-le
avec 2 c. à s. de moutarde de Dijon. Assaisonnez et formez 4 burgers. Saupoudrez
de farine, en secouant pour ôter l'excédent. Faites cuire 2 à 3 min par face dans
un peu d'huile d'olive.

Variantes

Boulettes de porc à l'aigre-douce

Recette de base p. 174

Boulettes de poulet à l'aigre-douce
Suivez la recette de base, en remplaçant le porc par des blancs de poulet coupés en carrés de 2,5 cm (1 po) de côté.

Boulettes de poulet au piment doux
Suivez la recette de base, en remplaçant le porc par des blancs de poulet coupés en carrés de 2,5 cm (1 po) de côté. Pour la sauce, remplacez 60 g (⅕ tasse) de ketchup par 60 g (⅕ tasse) de sauce au piment doux.

Boulettes de poulet caramélisées à l'orange
Suivez la recette de base, en remplaçant le porc par des blancs de poulet coupés en carrés de 2,5 cm (1 po) de côté. Pour la sauce, ajoutez le zeste et le jus de 1 orange, et remplacez le sucre par de la cassonade, pour obtenir 310 g (1 ¼ tasse) au total.

Boulettes de crevettes à l'aigre-douce
Suivez la recette de base, en remplaçant le porc par des crevettes de taille moyenne.

Tajine de poulet à la marocaine

Recette de base p. 175

Tajine d'agneau à la marocaine
Suivez la recette de base, en supprimant le poulet et 6 cl (¼ tasse) de
bouillon de volaille. Remplacez-les par 110 g (4 oz) d'agneau coupé en
morceaux et 1 boîte de 500 g (1 lb) de pruneaux dénoyautés, avec leur jus,
à ajouter avec le bouillon. À défaut de pruneaux, utilisez des abricots en
conserve.

Tajine de porc épicé au poivron vert
Suivez la recette de base, en remplaçant le poulet par 110 g (4 oz) de porc
coupé en morceaux. Ajoutez 1 poivron vert épépiné et émincé dans la poêle
avec l'oignon et l'ail.

Tajine de poulet à la marocaine aux fruits, aux tomates
et aux amandes
Suivez la recette de base, en remplaçant 25 cl (1 tasse) de bouillon de volaille
par 1 boîte de 500 g (18 oz) de tomates concassées. Ajoutez 1 c. à s. de
chacun des ingrédients suivants, avant cuisson : dattes hachées, abricots
séchés, raisins secs et amandes effilées.

Accompagnements

Voici une sélection d'accompagnements qui

compléteront ou mettront en valeur les autres

recettes de ce livre. Du gratin dauphinois aux

poivrons farcis, en passant par le curry de légumes,

autant de sources d'inspiration...

Poivrons farcis

Pour 6 personnes

Ces poivrons, avec leurs fines herbes fraîches, composent un accompagnement de choix. Plus riches en vitamine C qu'une orange, ils sont parfaits pour les enfants. Utilisez des poivrons d'au moins deux couleurs différentes, pour obtenir un plat plein de soleil !

12 cl (½ tasse) d'huile d'olive extravierge
3 gousses d'ail, pressées
1 gros oignon, finement haché
3 grosses tomates
170 g (1 tasse) de riz arborio

4 c. à s. de persil, fraîchement haché
2 c. à s. d'aneth, fraîchement haché
1 c. à s. de menthe, fraîchement hachée
Gros sel et poivre noir du moulin
6 gros poivrons rouges et jaunes

Préchauffez le four à 375 °F (190 °C).

Faites chauffer 1 c. à s. d'huile d'olive dans une grande poêle et mettez-y l'ail et l'oignon à revenir 5 min, jusqu'à ce qu'ils soient tendres. Hachez les tomates dans une assiette pour conserver le jus, mettez le tout dans la poêle et mélangez. Ajoutez ensuite le riz et les fines herbes, salez et poivrez.

Découpez le pédoncule des poivrons, puis ôtez-en les graines et les membranes à la main. Remplissez bien les poivrons avec la préparation au riz, en pressant du bout des doigts. Replacez les chapeaux et déposez les poivrons dans un plat à gratin. Arrosez du reste d'huile d'olive en filet, saupoudrez de gros sel et versez de l'eau chaude de façon à atteindre la moitié de la hauteur des poivrons. Enfournez, sans couvrir, pour 70 à 90 min, jusqu'à ce que le riz soit cuit et que les poivrons soient légèrement brunis sur les bords. Servez aussitôt.

Voir variantes p. 222

Pommes de terre épicées et dip de crème sure

Pour 6 personnes

Dorées et légèrement épicées, ces pommes de terre se marient bien avec du poulet ou du bœuf, ou pourquoi pas avec une soupe, pour un déjeuner léger.

2 c. à s. de beurre
1 kg (2 lb) de pommes de terre
1 c. à s. d'épices cajun
5 c. à s. de crème sure

Beurrez une grande plaque à rôtir. Préchauffez le four à 375 °F (190 °C).
Pelez les pommes de terre et coupez chacune d'elles en 8 quartiers. Prenez une grande casserole, remplissez-la d'eau aux trois quarts, mettez-y les pommes de terre et portez à ébullition. Faites cuire 5 min, égouttez et transférez dans un saladier.
Ajoutez le reste de beurre et les épices, puis mélangez délicatement avec une cuillère en bois pour bien en enrober les pommes de terre. Répartissez-les sur la plaque et enfournez pour 25 à 30 min, jusqu'à ce qu'elles soient dorées et croustillantes. Sortez-les du four et servez immédiatement, avec la crème sure pour les y tremper.

Voir variantes p. 223

Haricots verts à l'ail et aux noix

Pour 6 personnes

Cette sauce aux champignons qui accompagne les haricots verts est aussi savoureuse que bonne pour la santé.

1 c. à t. d'huile végétale
600 g de haricots verts fins
60 g (¼ tasse) de beurre
1 petit oignon, finement haché
2 gousses d'ail, pressées
170 g (6 oz) de champignons, finement émincés
35 g (⅕ tasse) de farine de riz
40 cl (1 ⅗ tasse) de lait entier
1 c. à s. de sauce soya

1 cube de bouillon de volaille
Sel et poivre noir du moulin

Pour la garniture
1 c. à s. d'huile de canola
1 gros oignon, finement émincé
1 c. à s. de cassonade
40 g (⅓ tasse) de noix hachées
Parmesan, fraîchement râpé

Huilez légèrement une cocotte. Faites blanchir les haricots verts 5 min dans une grande casserole, égouttez-les, puis passez-les sous l'eau froide. Réservez.

Faites fondre le beurre dans la casserole, et mettez-y l'oignon et l'ail à cuire 10 min sur feu doux, jusqu'à ce qu'ils soient tendres. Ajoutez les champignons et faites cuire encore 5 min. Incorporez alors la farine et prolongez la cuisson 3 min, sans cesser de remuer. Versez peu à peu le lait, en remuant pour l'incorporer doucement, sur feu doux, jusqu'à ce que la sauce ait épaissi. Ajoutez la sauce soya et le cube de bouillon, tout en continuant de remuer. Goûtez la sauce, salez un peu et poivrez généreusement.

Préchauffez le four à 340 °F (175 °C). Mettez les haricots égouttés dans la cocotte et versez la sauce aux champignons par-dessus. Enfournez pour 20 à 25 min, en mélangeant toutes les 5 min.

Pendant ce temps, faites chauffer l'huile de canola dans une grande poêle. Avant qu'elle ne fume, ajoutez l'oignon émincé et faites-le cuire 15 min sur feu doux. Ajoutez ensuite la cassonade et poursuivez la cuisson 10 min. Passez sur feu vif et faites cuire 2 min, sans cesser de remuer, jusqu'à ce que l'oignon soit coloré et caramélisé. Retirez du feu et réservez au chaud.

Quand les haricots sont bien chauds, sortez la cocotte du four, versez l'oignon par-dessus, parsemez de noix hachées et d'un peu de parmesan. Servez aussitôt.

Voir variantes p. 224

Gratin d'aubergines, tomates et courgettes

Pour 4 personnes

Ce concentré de saveurs vous rappellera les chaudes soirées d'été, quelle que soit la saison.

5 c. à s. d'huile d'olive extravierge
+ un peu pour la cocotte
4 courgettes (de 20 cm [8 po] de long environ),
coupées en rondelles de 1 cm (2/5 po)
6 tomates olivettes bien mûres,
coupées en rondelles

2 aubergines (de 20 cm [8 po] de long environ),
coupées en rondelles de 0,5 cm (1/5 po)
4 gousses d'ail, finement hachées
3 c. à s. de feuilles de romarin frais
Sel et poivre noir du moulin
30 g (1 oz) de parmesan, finement râpé

Huilez une cocotte ronde. Préchauffez le four à 425 °F (220 °C).
Dans la cocotte, disposez les légumes sur plusieurs épaisseurs, en faisant se chevaucher les rondelles et en alternant les légumes. Parsemez chaque couche d'ail, de romarin, de sel et de poivre, et arrosez d'un filet d'huile d'olive. Superposez de nouvelles couches jusqu'à épuisement des ingrédients. Arrosez d'huile d'olive, parsemez de parmesan et enfournez pour 50 à 60 min. Servez bien chaud.

Voir variantes p. 225

Anneaux d'oignons croustillants

Pour 6 à 8 personnes

Les oignons vidalia, une variété sucrée, sont les meilleurs pour préparer ces anneaux enrobés d'une pâte croustillante et légère, relevée par un peu de piment en poudre.

300 g (11 oz) de mélange de farines SG (p. 16)
110 g (⅘ tasse) de fécule de maïs
1½ c. à t. de piment en poudre
1 c. à t. d'ail semoule

Sel
45 cl (1 ¾ tasse) d'eau de Seltz
3 gros oignons (sucrés si possible)
Huile de canola

Dans un grand saladier, mélangez les farines, la fécule de maïs, le piment en poudre, l'ail semoule et le sel. Incorporez l'eau gazeuse tout en fouettant, de façon à obtenir une pâte épaisse.

Pelez et émincez les oignons, puis séparez-en les anneaux. Versez 8 cm (3 po) d'huile dans une grande casserole et faites chauffer. Mesurez la température de l'huile avec un thermomètre à friture : quand elle atteint 375 °F (190 °C), trempez les anneaux d'oignon dans la pâte, en laissant s'écouler l'excédent, et plongez-les dans l'huile. Faites-les frire 2 min sur chaque face, jusqu'à ce qu'ils soient dorés, en procédant en plusieurs fois. Surveillez la température de l'huile, qui doit rester à 375 °F (190 °C) pour une bonne friture.

À l'aide d'une écumoire, transférez les anneaux sur du papier absorbant pour les y égoutter et réservez-les au chaud le temps de cuire tous les oignons. Servez aussi vite que possible, saupoudré d'un peu de sel.

Voir variantes p. 226

Pommes de terre et chou-fleur bhuna

Pour 4 personnes

Le bhuna est un plat indien dans lequel toutes les épices sont d'abord poêlées dans l'huile pour rehausser leurs arômes. C'est un plat relevé sans être trop fort, qui fera merveille en accompagnement du korma de poulet (p. 156).

2 c. à s. d'huile de canola
1 gros oignon, grossièrement haché
2 gousses d'ail, pressées
2 c. à t. de gingembre frais, finement haché
2 piments verts, finement hachés
1 c. à t. de graines de coriandre

1 c. à t. de graines de moutarde
6 gousses de cardamome, pilées (seulement les graines)
1 c. à s. de curcuma en poudre
2 c. à t. de garam masala
1 c. à s. de sauce soya
2 c. à s. de cassonade

2 pommes de terre moyennes, pelées et coupées en morceaux de 2,5 cm
1 boîte de 400 g (14 oz) de tomates au naturel, hachées
450 g (16 oz) de petites fleurettes de chou-fleur
4 c. à s. de coriandre, hachée
Sel et poivre noir du moulin

Faites chauffer l'huile de canola dans une grande poêle. Avant qu'elle ne fume, mettez-y l'oignon et l'ail à cuire 5 min, jusqu'à ce qu'ils soient tendres. Ajoutez le gingembre, le piment et les épices, et faites cuire 5 min sur feu moyen, de façon à libérer tous les arômes. Ajoutez ensuite la sauce soya, la cassonade, les pommes de terre et les tomates, couvrez et laissez cuire, à couvert, 25 min sur feu doux, jusqu'à ce que les pommes de terre soient un peu tendres, mais encore intactes.

Incorporez le chou-fleur et la coriandre, couvrez et poursuivez la cuisson 20 à 25 min, jusqu'à ce que le chou-fleur soit *al dente*. Salez et poivrez selon votre goût, et servez bien chaud.

Voir variantes p. 227

Patates douces aux noix de pécan

Pour 6 personnes

Avec du jus d'orange, des noix de pécan, du miel et une pincée de piment en poudre, ces patates douces contenteront tous les convives.

60 g (¼ tasse) de beurre doux + un peu pour le plat
4 patates douces de taille moyenne
1 œuf
60 g (¼ tasse) de beurre, fondu
    et légèrement refroidi
3 c. à s. de jus d'orange

1 c. à t. d'extrait de vanille
250 g (2 tasses) de noix de pécan
110 g (⅓ tasse) de miel
2 c. à s. de sucre
1 c. à t. de piment chipotle en poudre
230 g (8 oz) de mini-guimauves

Beurrez un plat à gratin carré de 23 cm (9 po) de côté et préchauffez le four à 340 °F (175 °C). Pelez les patates douces et coupez-les en cubes de 5 cm (2 po). Faites-les cuire dans une grande casserole d'eau remplie aux trois quarts pendant 15 à 20 min, jusqu'à ce qu'elles soient tendres. Égouttez-les, remettez-les dans la casserole et écrasez-les à la fourchette. Battez l'œuf dans un saladier de taille moyenne, puis ajoutez-y le beurre fondu, le jus d'orange et la vanille. Incorporez à la purée, puis transférez le tout dans le plat à gratin. Faites fondre le beurre doux dans une casserole de taille moyenne, puis ajoutez-y les noix de pécan, le miel, le sucre et le piment en poudre. Sans cesser de remuer, faites cuire sur feu doux 8 à 10 min, jusqu'à ce que le beurre et le sucre caramélisent autour des noix de pécan. Versez sur du papier sulfurisé et laissez refroidir.

Étalez les guimauves sur les patates douces, sur une seule épaisseur, puis répartissez les noix de pécan caramélisées. Enfournez pour 30 à 35 min, jusqu'à ce que les guimauves soient légèrement brunies. Baissez le thermostat s'ils colorent trop vite. Servez bien chaud.

Voir variantes p. 228

Croquettes de quinoa et courge butternut

Pour 6 personnes

Ces délicieuses croquettes composent un accompagnement nourrissant ou bien un plat végétarien à part entière.

1 courge butternut de taille moyenne
1 c. à s. d'huile d'olive
230 g (8 oz) de quinoa
1 cube de bouillon de volaille ou de légumes
85 g (3 oz) de riz sauvage
85 g (3 oz) de riz basmati

Huile en spray
110 g (2 tasses) de ciboulettes finement émincées
85 g (¾ tasse) de canneberges séchées
1 c. à s. de sauge séchée
Sel et poivre noir du moulin

Préchauffez le four à 400 °F (200 °C). Coupez la courge en deux, épépinez-la et mettez-la dans un plat à gratin. Versez-y l'huile d'olive en filet et enfournez pour 1 h environ, jusqu'à ce que la courge soit tendre. Laissez-la tiédir, puis prélevez-en la chair à la cuillère et transférez-la dans un saladier. Réservez. Dans une casserole de taille moyenne, faites cuire le quinoa 10 à 12 min dans 45 cl (1 ¾ tasse) d'eau additionnée du cube de bouillon de volaille, jusqu'à ce que l'eau soit absorbée. Retirez du feu, égrenez à la fourchette, couvrez et réservez 10 min. Remplissez une grande casserole aux trois quarts d'eau et portez à ébullition. Mettez-y les riz à cuire 20 min. Égouttez et réservez. Vaporisez un peu d'huile sur une plaque de four. Mélangez le quinoa et le riz dans la purée de courge, puis incorporez-y le reste des ingrédients. Avec vos mains, formez des croquettes. Disposez-les sur la plaque, vaporisez encore un peu d'huile et enfournez pour 15 à 20 min. Servez chaud, tiède ou froid.

Voir variantes p. 229

Riz sauvage aux canneberges, noix de pécan et échalotes

Pour 6 personnes

Un bouillon de volaille de qualité rehaussera la saveur du riz à la cuisson. Les canneberges lui apporteront leur couleur rose, et les noix de pécan leur croquant.

1 c. à s. d'huile de canola
1 c. à s. de beurre doux
2 grosses échalotes, finement hachées
170 g (1 tasse) de riz long grain
60 g (⅓ tasse) de riz sauvage
60 cl (2 ½ tasses) de bouillon de volaille
   de qualité

85 g (¾ tasse) de canneberges séchées
1 feuille de laurier
½ c. à t. de thym séché
Sel et poivre noir du moulin
60 g (½ tasse) de noix de pécan, hachées
2 c. à s. de persil, fraîchement haché

Préchauffez le four à 375 °F (190 °C).

Dans une grande cocotte pouvant aller au four, faites chauffer l'huile et le beurre, puis mettez-y les échalotes à cuire 5 min sur feu doux, jusqu'à ce qu'elles soient tendres. Ajoutez les deux types de riz et mélangez, pour bien enrober les grains d'huile. Incorporez le bouillon, les canneberges, le laurier, le thym, le sel et le poivre. Portez à ébullition, puis retirez du feu. Mélangez, couvrez et enfournez pour 40 à 45 min, jusqu'à ce que le riz soit cuit.

Sortez la cocotte du four, mélangez-en le contenu, jetez la feuille de laurier et goûtez pour rectifier l'assaisonnement si nécessaire. Incorporez les noix de pécan et le persil. Servez chaud, tiède ou froid.

Voir variantes p. 230

Risotto aux petits pois et au citron

Pour 4 à 6 personnes

Ce délicieux risotto frais et estival offre une subtile saveur acidulée ainsi qu'un léger parfum d'ail.

1 l de bouillon
25 cl (1 tasse) de vin blanc
60 g (¼ tasse) de beurre
1 petit oignon, finement haché
1 gousse d'ail, pressée
350 g (12 oz) de riz arborio
½ c. à t. de feuilles de thym fraîches

170 g (1 ⅓ tasse) de petits pois frais ou surgelés
Le zeste et le jus de 1 citron
30 g (1 oz) de parmesan, finement râpé + copeaux pour le service
Sel et poivre noir du moulin

Mélangez le bouillon et le vin dans un grand pichet. Faites fondre le beurre dans une grande casserole placée sur feu moyen, et mettez-y l'oignon et l'ail à cuire 5 min, jusqu'à ce qu'ils soient tendres. Ajoutez le riz et mélangez, pour l'enrober de beurre. Incorporez les feuilles de thym. Toujours sur feu moyen, versez le bouillon et le vin, petit à petit. Remuez jusqu'à ce que le liquide soit absorbé avant d'en verser de nouveau. Continuez de même jusqu'à ce que vous ayez versé tout le liquide et que le riz soit cuit, mais encore légèrement *al dente*, ce qui prend une trentaine de minutes au total. Ajoutez les petits pois au bout de 20 min de cuisson.

Juste avant de servir, ajoutez le zeste et le jus de citron, ainsi que le parmesan râpé. Salez et poivrez selon votre goût, et servez aussitôt, parsemé de quelques copeaux de parmesan.

Voir variantes p. 231

Salade de quinoa et d'avocat, vinaigrette à la mandarine

Pour 4 personnes

Cette salade appétissante peut être préparée à l'avance. Avec ses belles couleurs, elle fera envie même aux plus difficiles de la famille !

Pour la vinaigrette à la mandarine
10 cl (²/₅ tasse) d'huile d'olive extravierge
3 c. à s. de vinaigre de vin blanc
2 c. à s. de jus des mandarines
2 c. à t. de moutarde de Dijon
2 c. à t. de jus de citron vert
Sel et poivre noir du moulin

Pour la salade
230 g (8 oz) de quinoa
300 g (11 oz) de mandarines en conserve
100 g (³/₅ tasse) de poivron jaune, épépiné
    et taillé en dés
60 g (¹/₃ tasse) de cerises séchées
4 ciboules, finement émincées
1 avocat, pelé, dénoyauté et coupé en dés
60 g (¹/₂ tasse) de noix de pécan, hachées
3 c. à s. de persil, fraîchement haché

Fouettez tous les ingrédients de la vinaigrette dans un pichet de taille moyenne et réservez. Portez 45 cl (1 ¾ tasse) d'eau à ébullition dans une grande casserole. Faites-y cuire le quinoa 10 à 12 min sur feu doux, jusqu'à ce que toute l'eau soit absorbée. Retirez du feu, égrenez à la fourchette, couvrez et réservez 10 min. Transférez dans un saladier et laissez refroidir 10 min. Égouttez le reste du jus des mandarines et ajoutez les mandarines dans le quinoa. Ajoutez le poivron jaune, les cerises séchées et les ciboules. Couvrez et placez au réfrigérateur jusqu'au moment de servir. Juste avant de déguster, incorporez l'avocat, les noix de pécan et le persil. Servez avec la vinaigrette à la mandarine.

Voir variantes p. 232

Salade de tomates, vinaigrette au sirop de grenade

Pour 4 personnes

Les tomates s'accommodent parfaitement des apprêts sucrés, aussi le sucre et la grenade de la sauce rehaussent-ils merveilleusement bien leur saveur. Utilisez un bel assortiment de tomates de couleurs variées : les marchés de producteurs sont un bon endroit pour en trouver.

Pour la vinaigrette
35 cl (1 ⅓ tasse) de jus de grenade
2 c. à t. de jus de citron
2 c. à s. de sucre
2 c. à s. d'huile d'olive extravierge
2 échalotes, finement hachées

Pour la salade
700 g (1 ½ lb) de petites tomates
    (de couleurs variées, si possible)
60 g (2 oz) de feta, émiettée
3 c. à s. de coriandre, fraîchement hachée
    + un peu pour le service
40 g (⅓ tasse) de graines de grenade

Pour réaliser la vinaigrette au sirop de grenade, faites chauffer dans une casserole de taille moyenne sur feu moyen les jus de grenade et de citron et le sucre, jusqu'à ce que le liquide soit épais et sirupeux : il doit avoir réduit à 10 cl (⅖ tasse) environ. Laissez refroidir de côté. Fouettez ce liquide refroidi avec l'huile d'olive et les échalotes pour composer la sauce. Juste avant de servir, mélangez les tomates, la feta et la coriandre dans un plat de service. Incorporez la vinaigrette. Parsemez de coriandre et de graines de grenade. Servez aussitôt.

Voir variantes p. 233

Gratin dauphinois au gruyère

Pour 4 personnes

Les couches de pommes de terre sont ici mêlées de gruyère, d'oignon et d'ail, de façon que les saveurs se diffusent le temps que le dessus gratine à point.

2 c. à s. de beurre + un peu pour la cocotte
900 g (2 lb) de pommes de terre
1 gros oignon, finement haché
2 gousses d'ail, finement hachées

230 g (8 oz) de gruyère râpé
Sel et poivre noir du moulin
25 cl (1 tasse) de crème liquide

Beurrez une grande cocotte allant au four. Préchauffez le four à 375 °F (190 °C).
Pelez les pommes de terre et coupez-les en fines rondelles. Disposez celles-ci à plat au fond de la cocotte, en les faisant se chevaucher. Parsemez de petites parcelles de beurre, puis d'un peu d'oignon, d'ail et de gruyère, avant de saler et de poivrer. Versez environ 6 cl (¼ tasse) de crème liquide. Disposez de nouvelles couches jusqu'à épuisement des ingrédients, en terminant par le gruyère, et arrosez du reste de crème liquide.
Couvrez et enfournez pour 1 h au moins, jusqu'à ce que les pommes de terre soient tendres lorsque vous y enfoncez une pointe de couteau. Si le dessus n'est pas suffisamment doré, passez le plat 5 min sous le gril.

Voir variantes p. 234

Riz pilaf

Pour 4 personnes

Ce riz est l'accompagnement idéal des plats contenant beaucoup de sauce. Essayez-le notamment avec le korma de poulet (p. 156) : accord parfait !

350 g (12 oz) de riz basmati
1 c. à s. de beurre
1 petit oignon, finement haché
2 gousses de cardamome
½ c. à t. de cumin en poudre
½ c. à t. de cannelle en poudre

1 pincée de safran
1 feuille de laurier
Sel et poivre noir du moulin
30 cl (1 ¼ tasse) de bouillon de volaille, chaud
1 poignée d'amandes effilées, poêlées
Coriandre, fraîchement hachée

Rincez le riz sous l'eau froide. Faites fondre le beurre dans une casserole de taille moyenne et mettez-y l'oignon à cuire sur feu doux 10 min environ, jusqu'à ce qu'il soit tendre et légèrement doré. Ajoutez les épices, le laurier, le sel et le poivre, et laissez cuire 5 min. Ajoutez le riz dans la casserole, remuez de façon à bien l'enrober de beurre avant de verser le bouillon. Mélangez, couvrez la casserole d'une feuille de papier d'aluminium, puis d'un couvercle pour bien sceller celle-ci. Faites cuire 10 min à feu très doux, puis éteignez le feu et laissez reposer 5 min sans ôter le couvercle ni l'aluminium.
Pour servir, égrenez le riz à la fourchette et parsemez d'amandes et de coriandre.

Voir variantes p. 235

Variantes

Poivrons farcis

Recette de base p. 197

Poivrons farcis à l'agneau et au cumin
Suivez la recette de base, en remplaçant la moitié du riz par 230 g (8 oz)
d'agneau cru haché. Ajoutez 1 c. à t. de cumin moulu et 1 c. à t. de coriandre
moulue dans la farce.

Poivrons farcis à la courge et au gruyère
Suivez la recette de base, en remplaçant la moitié du riz par 230 g (8 oz) de
courge butternut coupée en dés et 110 g (4 oz) de gruyère râpé.

Poivrons farcis à la courgette
Suivez la recette de base, en ajoutant à la farce 110 g (4 oz) de courgette
coupée en dés.

Poivrons farcis aux haricots rouges et au piment
Suivez la recette de base, en remplaçant 85 g (3 oz) de riz par 170 g (6 oz)
de haricots rouges en conserve égouttés. Ajoutez 1 c. à t. de piment en
poudre dans la farce.

Pommes de terre épicées
et dip de crème sure

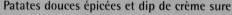

Recette de base p. 198

Patates douces épicées et dip de crème sure
Suivez la recette de base, en remplaçant les pommes de terre par des patates
douces.

Pommes de terre et patates douces au four, au romarin
Suivez la recette de base, en remplaçant la moitié des pommes de terre par des
patates douces. Coupez-les en cubes de 1,5 cm (3/5 po) de côté et parsemez de
romarin séché à la place des épices cajun.

Pommes de terre fondantes au poivron
Au lieu de suivre la recette de base, coupez les pommes de terre en petits dés.
Dans un saladier, mélangez 1 petit oignon finement haché avec 1 poivron vert
épépiné et coupé en dés fins, 20 g (2 c. à s.) de farine de riz, 1 pincée de paprika,
2 c. à s. de persil fraîchement haché, 60 g (2 oz) d'emmental râpé, ainsi que du
sel et du poivre noir du moulin. Transférez dans une cocotte beurrée, versez par-
dessus 12 cl (½ tasse) de lait chaud et 12 cl (½ tasse) de crème épaisse.
Enfournez pour 1 h à 400 °F (200 °C).

Pommes de terre épicées, sans lait, et mayonnaise miel-moutarde
Suivez la recette de base, en remplaçant le beurre par autant d'huile d'olive
et la crème sure par 5 c. à s. de mayonnaise de qualité mélangée avec 1 c. à s.
de moutarde de Dijon et 1 c. à s. de miel.

Variantes

Haricots verts à l'ail et aux noix

Recette de base p. 200

Haricots verts à l'ail, aux noix et aux pignons de pin

Suivez la recette de base, en ajoutant aux haricots verts 85 g (³⁄₅ tasse) de pignons de pin, avant de verser la sauce.

Haricots verts à l'ail et aux noix, sauce au fromage

Suivez la recette de base, en remplaçant les champignons par 110 g (4 oz) d'emmental râpé et 1 c. à t. de moutarde de Dijon.

Haricots verts à la tomate et aux épinards

Suivez la recette de base, en remplaçant les champignons par 110 g (4 oz) d'emmental râpé et 1 c. à t. de moutarde de Dijon. Ajoutez 1 tomate pelée, épépinée et hachée ainsi que 30 g (½ tasse) de feuilles d'épinards frais dans la cocotte avec les haricots verts, avant de verser la sauce. Supprimez les noix.

Haricots verts à l'ail et aux noix, sans lait

Suivez la recette de base, en remplaçant le beurre par de la margarine sans lait, et le lait par du lait de riz. Supprimez le parmesan.

Variantes

Gratin d'aubergines, tomates et courgettes

Recette de base p. 203

Gratin d'aubergines, tomates et courgettes à l'échalote
Suivez la recette de base, en ajoutant 3 échalotes finement hachées
entre les couches de légumes.

Gratin d'aubergines, tomates et courgettes au piment
Suivez la recette de base, en ajoutant 2 piments doux finement hachés
entre les couches de légumes.

Gratin d'aubergines, tomates et courgettes au fromage et à la ciboulette
Suivez la recette de base, en ajoutant 60 g (2 oz) d'emmental râpé entre
les couches de légumes et en remplaçant le romarin par de la ciboulette
hachée. Parsemez de parmesan.

Gratin de légumes au basilic et au poivron
Suivez la recette de base, en remplaçant 2 courgettes par 2 poivrons verts
épépinés et émincés, et le romarin par 40 g (1 tasse) de basilic fraîchement
haché.

Variantes

Anneaux d'oignons croustillants

Recette de base p. 204

Anneaux d'oignons croustillants, sauce pimentée
Suivez la recette de base et servez les anneaux avec une sauce pimentée
réalisée en mélangeant 3 c. à s. de sauce au piment doux, 3 c. à s. de
ketchup et 3 c. à s. de sauce tomate moyennement pimentée.

Lanières de courgette croustillantes
Suivez la recette de base, en remplaçant les oignons par 4 à 5 courgettes
taillées en lanières.

Bâtonnets de carotte croustillants
Suivez la recette de base, en remplaçant les oignons par 3 à 4 carottes,
pelées et coupées en bâtonnets.

Anneaux d'oignons croustillants, sauce rémoulade piquante
Suivez la recette de base. Mélangez 110 g (½ tasse) de mayonnaise, 2 c. à t.
de ketchup, 2 c. à t. de crème de raifort, ¼ de c. à t. de paprika, 1 pointe
d'ail semoule et autant d'origan séché, du sel, du poivre et du poivre
de Cayenne. Servez en accompagnement.

Pommes de terre et chou-fleur bhuna

Recette de base p. 207

Patates douces et chou-fleur bhuna
Suivez la recette de base, en remplaçant les pommes de terre par des patates douces.

Pommes de terre et chou-fleur bhuna au poivron
Suivez la recette de base, en ajoutant 1 poivron rouge épépiné et émincé dans la poêle avec l'oignon.

Aloo de Bombay
Suivez la recette de base, en supprimant le chou-fleur et en ajoutant 3 pommes de terre moyennes supplémentaires.

Courge butternut et chou-fleur bhuna
Suivez la recette de base, en remplaçant les pommes de terre par 450 g (1 lb) de courge butternut pelée et coupée en dés.

Légumes variés bhuna
Suivez la recette de base, en utilisant des légumes variés – carottes, chou-fleur, courgettes, patates douces, petits pois, maïs... Si la sauce vous paraît trop liquide, épaississez-la en ajoutant 2 c. à t. de fécule de maïs délayée dans un peu d'eau.

Variantes

Patates douces aux noix de pécan

Recette de base p. 208

Patates douces en crumble aux noix de pécan
Suivez la recette de base, en supprimant la garniture. Mélangez 110 g
(½ tasse) de cassonade et 40 g (¼ tasse) de farine de riz, incorporez-y 60 g
(¼ tasse) de beurre et sablez la pâte. Ajoutez 85 g (⅔ tasse) de noix de pécan
hachées et parsemez-en les patates douces. Enfournez pour 25 à 30 min.

Patates douces meringuées
Suivez la recette de base, en supprimant la garniture. Dans un saladier de
taille moyenne, battez 2 blancs d'œufs jusqu'à ce que des pics mous se
forment. Tout en fouettant, ajoutez 60 g (¼ tasse) de sucre, et continuez de
battre les œufs en neige ferme. Versez le mélange dans une poche à douille
à embout large et déposez de petites noisettes sur les patates douces.
Enfournez pour 25 à 30 min, jusqu'à ce que la meringue soit légèrement
brunie et croustillante.

Patates douces à la noix de coco
Suivez la recette de base, en ajoutant 40 g (⅝ tasse) de noix de coco râpée
dans le mélange d'œufs et de patates douces.

Patates douces aux noix de pécan, sans lait
Suivez la recette de base, en remplaçant le lait par de la margarine sans lait
dans les patates douces et dans les noix de pécan caramélisées.

Variantes

Croquettes de quinoa et courge butternut

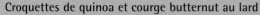

Recette de base p. 211

Croquettes de quinoa et courge butternut au lard
Suivez la recette de base, en ajoutant à la préparation 4 bandes de lard, cuites jusqu'à ce qu'elles soient croustillantes et qu'elles s'émiettent.

Croquettes de quinoa et courge butternut au piment et à la coriandre
Suivez la recette de base, en supprimant la sauce. Ajoutez à la préparation 2 piments verts et 30 g (¼ tasse) de coriandre fraîchement hachée.

Croquettes de patates douces et quinoa
Suivez la recette de base, en remplaçant la courge butternut par de la purée de patates douces. Pour cela, pelez 2 grosses patates douces, coupez-les en morceaux et faites-les cuire 20 min à l'eau, jusqu'à ce qu'elles soient tendres, avant de les écraser.

Croquettes de quinoa et courge butternut au parmesan et au basilic
Suivez la recette de base, en remplaçant la sauce par 30 g (¾ tasse) de basilic fraîchement ciselé. Ajoutez 2 c. à s. de parmesan finement râpé dans la préparation.

Croquettes de quinoa et pommes de terre au chou
Suivez la recette de base, en remplaçant la courge, le riz sauvage et le riz par 3 grosses pommes de terre pelées, cuites et écrasées en purée, ainsi que 450 g (1 lb) de chou vert cuit.

Variantes

Riz sauvage aux canneberges, noix de pécan et échalotes

Recette de base p. 212

Orzo aux cerises, aux noix et aux échalotes
Suivez la recette de base, en remplaçant le riz sauvage et le riz par de l'orzo, les canneberges par des cerises séchées et les noix de pécan par des noix.

Riz au jasmin aux canneberges, noix de pécan et maïs en grains
Suivez la recette de base, en remplaçant les deux riz par du riz au jasmin. Dix minutes avant la fin de la cuisson, ajoutez 170 g (⅘ tasse) de maïs égoutté.

Riz sauvage aux canneberges, noix de pécan, céleri et ciboulette
Suivez la recette de base, en ajoutant 2 branches de céleri finement hachées dans la cocotte avec le bouillon. Remplacez le persil par de la ciboulette.

Riz sauvage aux canneberges, noix de pécan, petits pois et parmesan
Suivez la recette de base, en ajoutant 170 g (1 ⅓ tasse) de petits pois frais ou surgelés 20 min avant la fin de la cuisson. Ajoutez 30 g (1 oz) de parmesan finement râpé avec le persil.

Riz sauvage au poireau et aux épinards, sans lait
Suivez la recette de base, en remplaçant le beurre par de la margarine sans lait. Ajoutez 1 poireau coupé en petits dés dans la cocotte avec les échalotes, ainsi que 60 g (1 tasse) de feuilles d'épinards frais, 15 min avant la fin de la cuisson.

Risotto aux petits pois et au citron

Recette de base p. 214

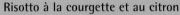

Risotto à la courgette et au citron
Suivez la recette de base, en remplaçant les petits pois par 1 courgette coupée en petits dés.

Risotto au poireau, au citron et à la sauge
Suivez la recette de base, en supprimant les petits pois. Ajoutez 1 poireau finement haché dans la casserole avec l'oignon. Remplacez les feuilles de thym par 2 c. à t. de sauge séchée.

Risotto aux tomates séchées et au basilic
Suivez la recette de base, en supprimant le thym et en ajoutant 70 g (2 ½ oz) de tomates séchées ainsi que 40 g (1 tasse) de basilic ciselé avec le parmesan.

Risotto à la courge et au safran
Suivez la recette de base, en supprimant les petits pois. Faites cuire au four 230 g (8 oz) de courge butternut pelée, épépinée, coupée en cubes et que vous arroserez d'un filet d'huile d'olive, pendant 20 min à 400 °F (200 °C). Incorporez-les au risotto avec le parmesan. Ajoutez quelques filaments de safran dans le riz.

Risotto aux asperges, au citron et à la menthe, sans lait
Suivez la recette de base, en remplaçant le beurre par de l'huile d'olive, le thym par 2 c. à t. de menthe hachée et les petits pois par des pointes d'asperges.

Variantes

Salade de quinoa et d'avocat, vinaigrette à la mandarine

Recette de base p. 217

Salade de quinoa et d'avocat aux canneberges

Suivez la recette de base, en remplaçant les cerises par des canneberges séchées.

Salade de quinoa à la pomme, vinaigrette miel-moutarde

Suivez la recette de base, en supprimant l'avocat ainsi que les mandarines de la salade et en les remplaçant par 1 pomme pelée, épépinée et coupée en dés (golden, par exemple). Supprimez le jus de mandarine dans la vinaigrette et ajoutez 1 c. à s. de miel au moment de fouetter la sauce.

Salade de riz complet, sauce asiatique

Suivez la recette de base, en remplaçant le quinoa par 500 g (18 oz) de riz complet cuit. Remplacez la vinaigrette à la mandarine par une sauce asiatique : fouettez 4 c. à s. de sauce soya avec 2 c. à s. de moutarde de Dijon, ½ c. à t. d'huile de sésame, ½ c. à t. de gingembre frais haché et 2 c. à s. d'eau.

Variantes

Salade de tomates, vinaigrette au sirop de grenade

Recette de base p. 218

Salade de tomates, sauce pimentée
Suivez la recette de base, en supprimant la sauce et les graines de grenade.
Préparez une sauce pimentée en mélangeant 1 petit oignon rouge finement
haché, 1 gousse d'ail pressée, 30 g (¼ tasse) de coriandre fraîchement hachée,
1 c. à t. d'huile d'olive extravierge, 1 c. à t. de jus de citron vert, 1 piment rouge
haché, du sel et du poivre. Versez sur la salade de tomates.

Salade de tomates au basilic en vinaigrette
Suivez la recette de base, en supprimant les graines de grenade et en remplaçant
la coriandre par du basilic. Remplacez la sauce par une vinaigrette composée
de 6 cl (¼ tasse) d'huile d'olive extravierge mélangée à 1 c. à s. de vinaigre de vin
rouge, 1 petite échalote finement hachée, du sel et du poivre noir du moulin.

Salade de tomates et de mangetout, vinaigrette à l'ail
Suivez la recette de base, en supprimant les graines de grenade, et en ajoutant
90 g (⅗ tasse) de mangetout coupés en petits dés dans la salade. Servez avec la
vinaigrette de la variante ci-dessus, additionnée de 1 gousse d'ail finement
hachée et en remplaçant le basilic par de la coriandre.

Variantes

Gratin dauphinois au gruyère

Recette de base p. 220

Gratin dauphinois au cheddar
Suivez la recette de base, en remplaçant la crème liquide par du lait
et le gruyère par du cheddar.

Gratin dauphinois à la tomate
Suivez la recette de base, en ajoutant entre les couches de pommes de terre
4 tomates pelées, épépinées et coupées en dés, ainsi que 2 c. à s. de persil
fraîchement haché.

Gratin dauphinois au maïs
Suivez la recette de base, en ajoutant entre les couches 170 g (⅘ tasse) de
maïs en grains égoutté.

Gratin dauphinois au jambon
Suivez la recette de base, en ajoutant entre les couches 230 g (8 oz) de
jambon finement émincé.

Pommes de terre boulangère sans lait
Suivez la recette de base, en remplaçant le beurre par de l'huile pour graisser
le plat, et le beurre ainsi que la crème liquide par du bouillon de volaille ou
de légumes de qualité. Supprimez le gruyère.

Riz pilaf

Recette de base p. 221

Riz à l'espagnole
Suivez la recette de base, en supprimant les graines de cardamome et le cumin.
Ajoutez à l'oignon 1 poivron rouge émincé et 2 gousses d'ail pressées. Incorporez
40 g (1 ½ oz) d'olives noires dénoyautées et hachées au moment d'égrener le riz.

Riz thaï à la noix de coco
Suivez la recette de base, en supprimant les graines de cardamome et le cumin.
Ajoutez 1 c. à s. de pâte de curry rouge thaï avec le bouillon, et incorporez 30 g
(½ tasse) de noix de coco râpée non sucrée et 40 g (⅖ tasse) de coriandre
fraîchement hachée.

Riz à la marocaine, aux champignons et au persil
Suivez la recette de base, en ajoutant à l'oignon 2 gousses d'ail pressées et 110 g
(4 oz) de champignons hachés. Avant de servir, incorporez le zeste de 1 citron et
40 g (⅗ tasse) de persil fraîchement haché.

Riz pilaf aux pois chiches et aux épinards, sans lait
Suivez la recette de base, en remplaçant le beurre par de l'huile de canola. Faites
chauffer 400 g (14 oz) de pois chiches en conserve avec 60 g (1 tasse) d'épinards
frais, égouttez et ajoutez au riz avant de servir.

Desserts

Nous vous proposons ici quelques douceurs

qui enthousiasmeront même les plus difficiles

de la famille. Aussi délicieuses à l'œil qu'au palais,

elles tiennent une autre promesse : le gluten

ne vous manquera pas !

Gâteau à l'orange et à la polenta

Pour 1 gâteau

La polenta, une farine de maïs, se prête bien à la confection de gâteaux. Vous pouvez accompagner celui-ci de quartiers d'orange ou le servir tiède avec de la glace... Délicieux!

170 g (¾ tasse) de beurre, ramolli
+ un peu pour le moule
170 g (⅘ tasse) de sucre
+ un peu pour le service
4 gros œufs
230 g (2 ⅘ tasses) d'amandes en poudre

110 g (½ tasse) de polenta fine
60 g (⅓ tasse) de farine de riz
2 c. à t. de levure chimique
½ c. à t. de gomme de xanthane
½ c. à t. de sel
Le zeste et le jus de 2 oranges

Beurrez un moule à gâteau rond de 20 cm (8 po) de diamètre et tapissez-en le fond et la paroi de papier sulfurisé. Préchauffez le four à 320 °F (160 °C).

Battez le beurre et le sucre dans un saladier, jusqu'à obtenir une consistance légère et bien mousseuse. Ajoutez les œufs, un par un, en battant bien à chaque fois.

Dans un autre saladier, fouettez les amandes en poudre avec la polenta, la farine de riz, la levure, la gomme de xanthane et le sel, puis mélangez cette préparation avec le beurre sucré, avant d'ajouter le zeste et le jus d'orange. Transférez la pâte dans le moule, égalisez le dessus à l'aide d'une spatule et enfournez pour 45 min environ, jusqu'à ce qu'une pointe de couteau enfoncée au centre en ressorte propre.

Sortez le gâteau du four, démoulez-le et laissez-le refroidir sur une grille. Saupoudrez-le de sucre et servez tiède ou froid.

Voir variantes p. 268

Gâteau meringué à la noisette, coulis de framboises

Pour 6 personnes

Voici un joli dessert pour les grandes occasions, et si vous garnissez la meringue au moins 3 h à l'avance, vous pourrez couper ce gâteau sans qu'il se brise.

Beurre
Farine SG
90 g (3 oz) de noisettes, décortiquées
4 blancs d'œufs
300 g (1 ½ tasse) de sucre
2 c. à t. d'extrait de vanille

½ c. à t. de vinaigre de vin blanc
340 g (2 ¼ tasses) de framboises fraîches
4 c. à s. de sucre à glacer
    + un peu à saupoudrer
35 cl (1 ⅓ tasse) de crème épaisse
60 g (¼ tasse) de sucre

Beurrez et farinez le fond et la paroi de deux moules à gâteau ronds de 20 cm (8 po) de diamètre et tapissez-les de papier sulfurisé. Préchauffez le four à 375 °F (190 °C). Faites dorer les noisettes dans une petite poêle placée sur feu moyen. Laissez-les tiédir, puis réduisez-les en poudre au mixeur. Transférez dans un bol et laissez refroidir.
Dans un grand saladier, montez les blancs d'œufs en neige, de préférence à la main avec un gros fouet rond, pour donner davantage de volume, sinon au batteur électrique. Quand des pics mous se forment, ajoutez le sucre, cuillerée par cuillerée, et fouettez en neige bien ferme. Incorporez 1 c. à t. d'extrait de vanille, le vinaigre et les noisettes mixées. Répartissez la préparation dans les deux moules et égalisez délicatement le dessus à l'aide d'une spatule. Enfournez pour 30 à 40 min, puis démoulez les gâteaux sur une grille pour les y laisser refroidir.

Pour réaliser le coulis, pressez 230 g (1 ½ tasse) de framboises dans une passoire en nylon placée au-dessus d'un petit saladier, puis incorporez-y le sucre à glacer, cuillerée par cuillerée. Versez dans un pichet, couvrez et placez au réfrigérateur jusqu'au moment de servir. Fouettez la crème dans un saladier, ajoutez le reste d'extrait de vanille et le sucre. Posez un gâteau à l'envers dans un plat, étalez-y deux tiers de la crème fouettée et parsemez des framboises restantes. Recouvrez de l'autre gâteau à l'endroit, saupoudrez de sucre à glacer et décorez le dessus avec le reste de crème fouettée. Pour servir, versez un peu de coulis de framboises sur chaque part.

Voir variantes p. 269

Gâteau à la carotte et à l'ananas, glaçage au fromage frais

Pour 1 gâteau

Ce gâteau fondant à la carotte est toujours un succès. L'ananas apporte une petite note exotique et acidulée.

12 cl (½ tasse) d'huile de canola + un peu pour les moules
110 g (½ tasse) de sucre
110 g (½ tasse) de cassonade
3 œufs
2 c. à s. de jus d'orange
130 g (1 tasse) de fécule de maïs
90 g (⅗ tasse) de fécule de pomme de terre
30 g (⅕ tasse) de farine de riz

1 c. à t. de bicarbonate de soude
1 c. à t. de levure chimique
2 c. à t. de cannelle en poudre
1 c. à t. de noix muscade moulue
1 c. à t. de gingembre moulu
½ c. à t. de sel
1 c. à t. de gomme de xanthane
40 g (⅓ tasse) de noix de pécan, hachées
40 g (¼ tasse) d'ananas, égoutté et écrasé

3 grosses carottes, finement râpées

Pour le glaçage
110 g (½ tasse) de beurre, à température ambiante
230 g (8 oz) de fromage frais, à température ambiante
1 pincée de sel
450 g (4 ¼ tasses) de sucre à glacer, tamisé
1 c. à t. d'extrait de vanille

Huilez légèrement deux moules à gâteau ronds de 20 cm (8 po) de diamètre et tapissez-les de papier sulfurisé. Préchauffez le four à 320 °F (160 °C). Dans un saladier, fouettez l'huile avec le sucre, la cassonade, les œufs et le jus d'orange. Dans un autre saladier, fouettez les fécules avec la farine de riz, le bicarbonate de soude, la levure, les épices, le sel et la gomme de xanthane. Creusez un puits au centre et versez-y les ingrédients non secs. Incorporez-y les noix de pécan, l'ananas et les carottes râpées. Mélangez intimement, puis répartissez la préparation dans les deux moules. Égalisez la surface à l'aide d'une spatule.

Enfournez pour 40 à 45 min, jusqu'à ce qu'une pointe de couteau enfoncée au centre des gâteaux en ressorte propre. Sortez les gâteaux du four, démoulez-les sur une grille et laissez-les refroidir complètement.

Pour confectionner le glaçage, battez le beurre avec le fromage frais et le sel. Ajoutez peu à peu le sucre à glacer et la vanille, tout en battant jusqu'à obtenir une consistance légère et mousseuse. Collez les deux gâteaux l'un sur l'autre avec du glaçage, puis étalez celui-ci sur le dessus et sur le côté. Placez au réfrigérateur jusqu'au moment de servir.

Voir variantes p. 270

Biscuit de Savoie aux bleuets et au citron

Pour 9 personnes

Ce biscuit de Savoie léger, constellé de bleuets, vanillé et saupoudré de sucre à glacer, sera idéal pour servir avec le café ou en dessert, avec de la crème ou de la glace.

110 g (½ tasse) de beurre
+ un peu pour le moule
110 g (½ tasse) de sucre
2 œufs, légèrement battus
Le zeste de 1 citron
1 c. à t. d'extrait de vanille

1 c. à t. de glycérine
230 g (8 oz) de mélange de farines avec levure incorporée SG (p. 15)
4 c. à s. de lait (ou moins)
110 g (¾ tasse) de bleuets

Beurrez un moule à gâteau carré de 20 cm (8 po) de côté et préchauffez le four à 340 °F (175 °C).

Dans un saladier, mélangez le beurre avec le sucre au batteur électrique, jusqu'à obtenir une consistance légère et crémeuse. Ajoutez les œufs un par un, en battant à chaque fois, puis incorporez le zeste de citron, l'extrait de vanille et la glycérine. Ajoutez alors le mélange de farines et juste ce qu'il faut de lait pour obtenir une pâte coulante.

Incorporez délicatement les bleuets, puis versez la pâte dans le moule, avant d'égaliser la surface à l'aide d'une spatule. Enfournez pour 30 min, jusqu'à ce que le gâteau soit gonflé et joliment doré. Servez chaud, tiède ou froid.

Voir variantes p. 271

Roulé choco-cerise

Pour 8 personnes

Le mariage du fort parfum de chocolat, de la crème fouettée sucrée et de la garniture aux cerises destine particulièrement ce gâteau aux jours de fête, mais il impressionnera aussi vos invités si vous le servez avec le café. Entamez sa confection la veille.

Beurre	170 g (⅘ tasse) de sucre
170 g (6 oz) de chocolat amer,	30 g (⅓ tasse) de sucre à glacer, tamisé
cassé en morceaux	35 cl (1 ⅓ tasse) de crème fouettée
4 œufs	170 g (6 oz) de cerises, dénoyautées

Beurrez une plaque à pâtisserie de 20 × 30 cm (8 × 12 po) et tapissez-la de papier sulfurisé. Préchauffez le four à 340 °F (175 °C). Faites chauffer le chocolat ainsi que 3 c. à s. d'eau dans une petite casserole placée sur feu très doux, jusqu'à ce que le chocolat soit à peine fondu. Laissez tiédir légèrement. Dans un saladier de taille moyenne, battez les jaunes d'œufs avec la moitié du sucre, jusqu'à obtenir une consistance épaisse et crémeuse, puis incorporez le chocolat tiède, en battant au fouet.

Montez les blancs en neige ferme dans un autre saladier bien propre et, tout en continuant de fouetter, ajoutez peu à peu le reste de sucre. Incorporez délicatement dans le mélange au chocolat. Versez sur la plaque et enfournez pour 25 à 30 min, jusqu'à ce que le gâteau soit ferme. Sortez-le du four et laissez-le refroidir sur la plaque pendant 5 min, puis couvrez avec un torchon humide et placez une nuit au réfrigérateur. Ôtez alors le torchon, délicatement, et démoulez sur un morceau de papier sulfurisé saupoudré de sucre à glacer. Retirez le papier sulfurisé. Étalez la crème fouettée, de façon uniforme, sur le gâteau, puis parsemez les cerises et roulez le tout. Servez aussitôt ou placez au réfrigérateur jusqu'au moment de déguster.

Voir variantes p. 272

Roulés à la confiture de fraises

Pour 6 personnes

Cette pâtisserie typiquement britannique se compose d'une génoise roulée et fourrée de bonne confiture de fraises. Servez-la de préférence chaude, accompagnée de crème fouettée ou de crème anglaise, ou encore de glace.

140 g (⅘ tasse) de farine de riz
+ un peu à saupoudrer
60 g (⅖ tasse) de farine de tapioca
3 c. à s. de fécule de pomme de terre
1 c. à t. de levure chimique
70 g (⅓ tasse) de sucre

110 g (½ tasse) de beurre, congelé et râpé
+ un peu de beurre mou pour le papier sulfurisé
8 c. à s. de confiture de fraises de qualité
Sucre à glacer, crème fouettée, crème anglaise ou glace, pour le service

Dans un saladier, fouettez les farines avec la fécule et la levure. Ajoutez le sucre et le beurre râpé, et incorporez-les légèrement à la fourchette. Versez quelques cuillerées d'eau, de façon à obtenir une pâte souple. Formez une boule avec vos doigts, puis saupoudrez-la de farine de riz. Étalez un morceau de film alimentaire sur le plan de travail, saupoudrez-le de farine de riz et posez la pâte dessus.

Abaissez-la délicatement en un rectangle de 20 × 27 cm (8 × 11 po). Étalez la confiture de fraises jusqu'à 2,5 cm (1 po) des bords. Du bout des doigts trempés dans l'eau froide, humidifiez-en légèrement les bords. Roulez très délicatement le tout, en partant du bord le plus éloigné, en vous aidant du film alimentaire pour tirer la pâte vers vous et former un cylindre. Appuyez doucement pour sceller les bords. Beurrez légèrement un morceau de papier sulfurisé et déposez-y le gâteau roulé, en vous aidant du film alimentaire pour le soulever. La pâte est très fragile et se brise facilement. Enroulez le papier sulfurisé bien serré autour du rouleau de pâte et maintenez-en les extrémités fermées avec des agrafes.

Posez sur une plaque à pâtisserie et enfournez pour 40 à 45 min, jusqu'à ce que le gâteau soit légèrement doré. Sortez-le du four et du papier sulfurisé, découpez-le en six et servez aussitôt, avec de la crème ou de la glace et saupoudré de sucre à glacer.

Voir variantes p. 273

Cheesecake à la fraise

Pour 1 cheesecake de 26 cm (10 po)

Ce cheesecake est une merveille! Commencez à le confectionner la veille.

110 g (¼ tasse) de beurre, ramolli + un peu pour le moule
5 œufs
340 g (1 ³/₅ tasse) de sucre
1 c. à t. d'extrait d'amande
½ c. à t. de levure chimique

240 g (8 ½ oz) de mélange de farines pour biscuit SG (p. 16)
60 g (¾ tasse) d'amandes effilées
900 g (2 lb) de fromage frais
230 g (1 tasse) de sucre
1 c. à t. de farine de riz

1 c. à t. d'extrait de vanille
230 g (1 tasse) de crème sure
230 g (1 ½ tasse) de fraises, équeutées et bien égouttées
4 c. à s. de confiture de fraises
30 cl (1 ¼ tasse) de crème fouettée

Beurrez généreusement un moule à fond amovible de 26 cm (10 po) de diamètre. Préchauffez le four à 320 °F (160 °C). Dans un saladier, battez le beurre avec 110 g (½ tasse) de sucre, jusqu'à ce qu'il soit léger et mousseux. Incorporez 1 œuf en fouettant, puis l'extrait d'amande, enfin la levure et le mélange de farines. Formez un disque et, avec les doigts, ajustez-le au fond du moule. Parsemez le dessus d'amandes. Réservez. Dans un saladier, mélangez au batteur électrique le fromage frais, le sucre, les œufs restants et la farine. Quand la préparation est homogène, incorporez l'extrait de vanille et la crème sure, puis battez brièvement. Versez sur la pâte. Enfournez pour 1 h. Éteignez le four et entrebâillez la porte. Laissez le cheesecake refroidir 30 min dans le four, puis sortez-le et placez-le au réfrigérateur, une nuit de préférence. Coupez alors les fraises en deux dans la longueur et disposez-les en cercles sur le gâteau. Réchauffez la confiture dans une petite casserole placée sur feu doux jusqu'à ce qu'elle soit liquide, puis étalez-la au pinceau sur les fraises, pour réaliser un glaçage. À l'aide d'une poche à douille munie d'un embout cannelé large, déposez des noisettes de crème sur le pourtour, pour décorer le gâteau. Réservez au réfrigérateur jusqu'au moment de servir.

Voir variantes p. 274

Tarte aux pommes à la compote

Pour 8 personnes

Cette belle tarte se révèle particulièrement savoureuse, notamment accompagnée d'une cuillerée de crème fouettée.

1 fond de tarte SG de 23 cm (9 po) (p. 17)

Pour la compote
900 g (2 lb) de pommes à cuire
60 g (¼ tasse) de beurre
170 g (⅘ tasse) de sucre

Pour la garniture
3 à 4 pommes sucrées
2 c. à s. de jus de citron
2 c. à s. de sucre
4 c. à s. de confiture d'abricots
Crème fouettée

Préchauffez le four à 400 °F (200 °C). Suivez les instructions données p. 17 pour confectionner et précuire la pâte.

Pour préparer la compote, pelez, épépinez et coupez les pommes en lamelles. Faites fondre le beurre dans une grande casserole et mettez-y les pommes et le sucre à cuire, à couvert, 20 à 25 min sur feu doux, jusqu'à ce que les fruits soient tendres. Laissez refroidir. Battez avec une cuillère en bois pour obtenir une compote lisse, puis étalez-la de façon uniforme sur le fond de tarte précuit.

Pour réaliser la garniture, pelez, épépinez et coupez les pommes en quatre, puis en lamelles fines. Plongez-les dans le jus de citron et disposez-les en cercles concentriques sur la compote. Saupoudrez de sucre et enfournez pour 30 à 35 min, jusqu'à ce que la pâte comme les pommes soient légèrement dorées. Laissez refroidir 10 min. Réchauffez la confiture d'abricots, passez-la dans une passoire fine posée sur un bol et étalez-la délicatement au pinceau sur les pommes. Servez la tarte chaude, avec de la crème fouettée.

Voir variantes p. 275

Tarte à la patate douce, au caramel et aux noix de pécan

Pour 8 personnes

Les patates douces font ici un merveilleux écrin pour les noix de pécan caramélisées.

600 g (1 lb) de patates douces
1 fond de tarte SG de 23 cm (9 po) (p. 17)
1 c. à t. de zeste d'orange
85 g (2/5 tasse) de cassonade
2 c. à t. d'un mélange de cannelle, muscade
    et clou de girofle en poudre
2 œufs, légèrement battus
45 cl (1 3/4 tasse) de crème fraîche
3 c. à s. de cognac ou de jus d'orange

Pour la garniture
2 c. à s. de beurre
85 g (2/5 tasse) de cassonade
5 c. à s. de crème fraîche
170 g (1 1/3 tasse) de noix de pécan
Sucre à glacer

Préchauffez le four à 400 °F (200 °C). Pelez les patates douces et coupez-les en morceaux de 5 cm (2 po). Remplissez une grande casserole aux trois quarts d'eau et portez-y les patates douces à ébullition. Laissez cuire sur feu doux 30 min environ, jusqu'à ce qu'elles soient bien tendres. Égouttez-les soigneusement et écrasez-les dans une passoire. Mettez la purée à refroidir dans un saladier et réservez. Pendant que les patates douces cuisent, préparez la pâte et faites-la précuire comme indiqué p. 17. Lorsque la purée est refroidie, ajoutez-y le zeste d'orange, la cassonade et les épices. Incorporez les œufs et mélangez bien. Ajoutez peu à peu la crème fraîche, le cognac ou le jus d'orange, tout en continuant de remuer, puis versez doucement sur le fond de tarte. Enfournez pour 40 min, jusqu'à ce que la préparation

commence à prendre. Le centre doit être encore un peu crémeux. Laissez tiédir. Pour réaliser la garniture, faites chauffer le beurre et la cassonade dans une petite casserole, sans cesser de remuer, jusqu'à dissolution du sucre. Ajoutez la crème fraîche et laissez frémir 4 min sur feu doux, jusqu'à ce que des bulles se forment et que la préparation ait légèrement épaissi. Retirez la casserole du feu, incorporez les noix de pécan et laissez tiédir. Versez cuillerée par cuillerée sur la tarte. Servez cette tarte tiède ou froide, saupoudrée de sucre à glacer.

Voir variantes p. 276

Profiteroles et leur sauce au chocolat

Pour 4 personnes

Ces aériens petits choux, fourrés d'une crème légère et mousseuse, sont surmontés d'une onctueuse sauce au chocolat fondu : irrésistible !

90 g (³/₅ tasse) de farine de riz
40 g (¼ tasse) de fécule de
    pomme de terre
½ c. à t. de sel
½ c. à t. de levure chimique
70 g (¹/₃ tasse) de beurre

25 cl (1 tasse) de lait entier
3 gros œufs
20 cl (¾ tasse) de crème
    épaisse

Pour la sauce au chocolat
140 g (½ tasse) de lait
    concentré non sucré
60 g (2 oz) de chocolat noir
60 g (¹/₃ tasse) de cassonade
Sucre à glacer

Tapissez une plaque à pâtisserie de papier sulfurisé et préchauffez le four à 375 °F (190 °C). Dans un petit saladier, mélangez la farine de riz avec la fécule, le sel et la levure. Dans une casserole de taille moyenne placée sur feu moyen, portez le beurre et le lait à ébullition. Ajoutez le mélange de farines et mélangez énergiquement jusqu'à ce que la pâte se décolle des parois de la casserole. Incorporez les œufs, un à un. Transférez la pâte dans une poche à douille munie d'un embout cannelé ou lisse et déposez des noix de pâte sur le papier sulfurisé, en laissant assez de place entre chacune pour que la pâte gonfle. Enfournez pour 10 à 15 min, jusqu'à ce que les choux soient gonflés et dorés.
Sortez les choux du four et laissez-les refroidir sur une grille. Opérez une petite incision dans le bas de chacun des choux. Battez la crème épaisse, versez-la dans une poche à douille munie d'un embout fin et fourrez chaque chou d'un peu de crème. Placez au réfrigérateur jusqu'au moment de servir. Pendant ce temps, préparez la sauce au chocolat.

Faites chauffer le lait concentré, le chocolat et la cassonade dans une petite casserole placée sur feu doux, jusqu'à dissolution du sucre. Portez à ébullition, puis laissez frémir 3 min. Laissez légèrement tiédir.

Disposez les profiteroles en pyramides dans de grandes assiettes. S'il vous reste de la crème fraîche, déposez-en de petites noisettes entre les choux, puis saupoudrez ceux-ci de sucre à glacer. Versez la sauce au chocolat sur le dessus, en le laissant couler sur les choux, et servez accompagné du reste de sauce.

Voir variantes p. 277

Mousse au citron

Pour 6 personnes

Cette mousse toute légère fait un dessert rafraîchissant et délicieux, bienvenu à la fin d'un repas copieux... ou à l'heure du goûter en été.

4 c. à t. de gélatine non aromatisée
6 gros œufs
230 g (1 tasse) de sucre
Le jus et le zeste finement râpé de 3 citrons

30 cl (1 ¼ tasse) de crème liquide
20 cl (¾ tasse) de crème fraîche épaisse
Chocolat râpé

Mettez la gélatine à ramollir dans un grand bol d'eau. Battez les jaunes d'œufs et le sucre dans un saladier, jusqu'à obtenir une consistance légère et mousseuse et jusqu'à ce qu'ils deviennent plus clairs. Ajoutez le jus et le zeste de citron ainsi que la crème liquide, puis battez de nouveau.

Dans une petite casserole, portez 5 cm (2 po) d'eau à ébullition, puis retirez du feu. Placez le bol de gélatine au-dessus de la casserole (et non dedans) et laissez-la se dissoudre lentement. Quand elle file, ajoutez-la dans la préparation au citron.

Dans un grand saladier bien propre, battez les blancs d'œufs jusqu'à ce que des pics mous se forment. Incorporez-les délicatement à la préparation au citron et mélangez brièvement. Transférez dans un plat creux de service et laissez raffermir au réfrigérateur, de préférence toute une nuit.

Juste avant de servir, battez énergiquement la crème épaisse jusqu'à ce que des pics mous se forment. Déposez-la en spirales sur la mousse au citron ou étalez-la. Parsemez d'un peu de chocolat râpé.

Voir variantes p. 278

Pêches pochées au marsala, crème au mascarpone

Pour 4 personnes

Pochées dans du marsala et servies très fraîches, ces pêches sont un authentique régal. Accompagnez-les d'une crème à base de mascarpone et de fromage frais : vous aurez un dessert de rêve !

4 pêches fermes, mais bien mûres
25 cl (1 tasse) de marsala doux
2 c. à s. d'amaretto
4 c. à s. de sucre
2 c. à s. de miel + 3 c. à s.

1 c. à t. de fécule de maïs, délayée
     dans 2 c. à t. d'eau
4 c. à s. de mascarpone,
     à température ambiante
4 c. à s. de fromage frais

Préchauffez le four à 320 °F (160 °C). Coupez les pêches en deux, dénoyautez-les et mettez-les dans un grand saladier. Couvrez-les d'eau bouillante, laissez-les 1 min, puis égouttez-les et pelez-les. Disposez-les alors dans un plat à gratin. Mélangez le marsala, l'amaretto, le sucre et le miel dans un saladier de taille moyenne. Versez sur les pêches. Enfournez, sans couvrir, pour 25 à 30 min. Sortez les pêches du four et laissez-les refroidir 10 min.

Mettez les pêches dans un plat de service, couvrez et placez au réfrigérateur. Dans une petite casserole, portez le sirop au marsala à ébullition. Ajoutez-y la fécule et remuez bien jusqu'à épaississement. Laissez refroidir, puis versez sur les pêches. Faites refroidir au réfrigérateur, 6 h environ. Mélangez intimement le mascarpone, le fromage frais et le reste de miel dans un saladier de taille moyenne. Couvrez et réservez au réfrigérateur. Servez 2 demi-pêches par personne, arrosées de la sauce et accompagnées du mascarpone au fromage frais.

Voir variantes p. 279

Glace aux pralines en coque de chocolat

Pour 4 à 6 personnes

Ces boules de glace maison sont constellées de brisures de pralines et enrobées de chocolat. Ce dessert impressionnant est étonnamment facile à réaliser.

Huile végétale
3 jaunes d'œufs
280 g (1 ⅓ tasse) de sucre
30 cl (1 ¼ tasse) de crème liquide

2 c. à s. de café soluble
30 cl (1 ¼ tasse) de crème fouettée
85 g (3 oz) d'amandes entières, non blanchies

170 g (6 oz) de chocolat noir en morceaux, fondu et refroidi
Sauce au chocolat (p. 254)

Huilez légèrement une plaque de four et tapissez une autre plaque de papier d'aluminium. Dans un saladier, battez les jaunes d'œufs et 170 g (⅘ tasse) de sucre jusqu'à obtenir une consistance crémeuse. Portez la crème liquide et le café à ébullition dans une casserole de taille moyenne, versez sur les jaunes et battez de façon à bien mélanger le tout. Transférez la préparation dans un récipient résistant à la chaleur placé dans une casserole d'eau bouillante et faites cuire, sans cesser de remuer, jusqu'à ce qu'elle soit assez épaisse pour napper le dos d'une cuillère. Passez dans une passoire posée sur un bol et laissez refroidir. Incorporez à la crème fouettée, transférez dans un récipient rigide et placez 2 h au congélateur.

Pour réaliser les pralines, faites chauffer le reste de sucre avec les amandes dans une petite casserole à fond épais, jusqu'à ce que le sucre caramélise et que les amandes commencent à se fendre. Transférez sur la plaque huilée et laissez refroidir. Mettez les pralines refroidies dans un mixeur et pilez-les finement. Sortez la glace du congélateur au bout de 2 h. Au fouet, incorporez-y les brisures de praline, puis remettez au congélateur pour que la glace

prenne. Prélevez alors de petites boules de glace, déposez-les sur la plaque tapissée de papier d'aluminium, glissez la plaque au congélateur et laissez durcir pendant 4 h.

Soulevez les boules de glace à l'aide de deux manches de fourchettes, trempez-les rapidement dans le chocolat fondu et refroidi, avant de les reposer sur la plaque. Remettez la plaque au congélateur durant 30 min. Servez ces boules de glace aussitôt sorties du congélateur, avec la sauce au chocolat.

Voir variantes p. 280

Panna cotta à la confiture de lait

Pour 4 personnes

Au fondant de ce dessert vient s'ajouter la douceur de la confiture de lait.
Une association tout simplement divine !

3 c. à t. de gélatine non aromatisée
25 cl (1 tasse) de lait entier
30 cl (1 ¼ tasse) de crème fraîche épaisse
1 gousse de vanille, fendue dans la longueur
    pour en gratter les graines

60 g (¼ tasse) de sucre
1 pot de confiture de lait

Faites tremper la gélatine dans un bol contenant 3 à 4 c. à s. d'eau.
Faites chauffer le lait, la crème, la gousse de vanille et ses graines ainsi que le sucre dans une casserole de taille moyenne. Quand le lait frémit, ôtez la gousse de vanille et jetez-la. Ajoutez la gélatine, ôtez la casserole du feu et remuez jusqu'à dissolution de la gélatine. Répartissez la préparation dans 4 ramequins et laissez refroidir, puis faites bien raffermir au moins 1 h au réfrigérateur.
Pour servir, démoulez chaque panna cotta dans une assiette individuelle et déposez 1 à 2 c. à s. de confiture de lait sur le dessus, en formant des petits tas réguliers.

Voir variantes p. 281

Brownies chocolat-pécan

Pour 9 personnes

Tout le monde aime les brownies. Si vous les servez tièdes, avec de la glace, de la crème fouettée et des sauces au chocolat et au caramel (p. 22 et 254), personne ne résistera !

140 g (5 oz) de chocolat noir, cassé en morceaux
170 g (3/4 tasse) de beurre + un peu pour le moule
4 œufs
170 g (7/8 tasse) de cassonade
60 g (1/3 tasse) de farine de riz

60 g (3/5 tasse) d'amandes en poudre
60 g (2 oz) de pépites de chocolat noir
40 g (1/3 tasse) de noix de pécan, hachées
Sucre à glacer

Glace, crème fouettée, sauces au chocolat et au caramel

Beurrez un moule carré de 20 cm (8 po) de côté et préchauffez le four à 340 °F (175 °C). Faites fondre le chocolat noir et le beurre dans une casserole de taille moyenne placée sur feu doux. Laissez refroidir.
Battez les œufs et la cassonade 3 min environ dans un saladier de taille moyenne, jusqu'à obtenir une consistance légère et mousseuse. Incorporez-y le mélange beurre-chocolat refroidi. Ajoutez la farine, les amandes en poudre, les pépites et les noix de pécan. Versez dans le moule et enfournez pour 30 min environ, jusqu'à ce que le brownie soit bien gonflé et ferme au toucher. Laissez refroidir dans le moule, puis découpez en 9 carrés avant de les saupoudrer de sucre à glacer. Pour servir, mettez une part dans chaque assiette, surmontez-la d'une boule de glace, de crème fouettée, de sauce au chocolat et de sauce au caramel.

Voir variantes p. 282

Blondies au chocolat blanc, aux noix et au sirop d'érable

Pour 9 blondies

Certains grands amateurs de chocolat le préfèrent blanc. Associant sirop d'érable, vanille et chocolat blanc, ces «blondies» sont des douceurs d'une rare séduction...

110 g (2/3 tasse) de farine
    de riz blanc
50 g (1/2 tasse) de farine de maïs
40 g (1/3 tasse) de fécule de maïs
1 c. à t. de levure chimique
1/2 c. à t. de gomme
    de xanthane

1/2 c. à t. de sel
110 g (1/2 tasse) de beurre,
    ramolli + un peu pour le
    moule
140 g (2/3 tasse) de cassonade
1 gros œuf, légèrement battu
10 cl (2/5 tasse) de sirop d'érable

1 c. à t. d'extrait de vanille
90 g (2/3 tasse) de noix hachées
60 g (2 oz) de chocolat blanc,
    haché

Beurrez un moule carré de 20 cm (8 po) de côté et préchauffez le four à 340 °F (175 °C). Dans un saladier de taille moyenne, mélangez intimement les farines, la fécule, la levure, la gomme de xanthane et le sel. Dans un autre saladier, mélangez le beurre et la cassonade au batteur électrique. Incorporez l'œuf battu, ajoutez le mélange de farines, le sirop d'érable et la vanille. Continuez de battre jusqu'à ce que la pâte soit légère et bien mousseuse. Incorporez les noix et le chocolat blanc, puis versez le tout dans le moule et égalisez la surface avec une spatule. Enfournez pour 25 à 30 min, jusqu'à ce que le gâteau soit légèrement gonflé et doré. Sortez le gâteau du four et découpez-le en 9 parts. Laissez refroidir 10 min dans le moule, puis extrayez les parts une à une et déposez-les sur une grille pour qu'elles y refroidissent complètement.

Voir variantes p. 283

Gâteau à l'orange et à la polenta

Recette de base p. 237

Gâteau au citron et à la polenta, glaçage au citron

Suivez la recette de base, en supprimant les oranges et en les remplaçant par le zeste de 3 citrons et le jus de 2. Utilisez le jus du troisième citron pour préparer un glaçage au citron en le mélangeant avec 4 c. à s. de sucre. Pendant que le gâteau est encore chaud et avant de le démouler, faites quelques trous sur le dessus avec un cure-dent et versez le glaçage, en laissant le gâteau s'en imbiber.

Gâteau à l'orange, à la polenta et à l'ananas

Suivez la recette de base, en ajoutant 60 g (⅖ tasse) d'ananas égoutté et écrasé dans la préparation avec le zeste et le jus d'orange.

Gâteau à l'orange et à la polenta, glaçage à l'orange

Suivez la recette de base. Tamisez 140 g (1 tasse) de sucre à glacer dans un grand bol et ajoutez-y 10 cl (⅖ tasse) de jus d'orange fraîchement pressé. Mélangez jusqu'à obtenir un glaçage épais (qui ne coulera pas du gâteau) et étalez-le sur le dessus du gâteau refroidi.

Gâteau à l'orange, à la polenta et aux raisins secs blonds, sans lait

Suivez la recette de base, en remplaçant le beurre par de la margarine sans lait et en ajoutant 85 g (¾ tasse) de raisins secs blonds avec le zeste et le jus d'orange.

Variantes

Gâteau meringué à la noisette, coulis de framboises

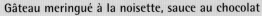
Recette de base p. 238

Gâteau meringué à la noisette, sauce au chocolat
Suivez la recette de base, en supprimant les framboises et le coulis. Faites chauffer sur feu doux 170 g (½ tasse) de lait concentré non sucré mélangé avec 60 g (2 oz) de chocolat noir, sans cesser de remuer. Ajoutez 85 g (⅖ tasse) de cassonade et faites frémir 3 min. Servez avec la meringue.

Gâteau meringué à la noisette et à la fraise, coulis de framboises
Ajoutez des lamelles de fraises à la garniture. Servez avec le coulis de framboises.

Pavlova au chocolat et aux fruits frais
Au lieu de suivre la recette de base, préparez une meringue avec 6 blancs d'œufs, ½ c. à t. de vinaigre de vin blanc, 2 c. à s. de cacao amer en poudre tamisé, 1 c. à s. de fécule de maïs et 340 g (1 ⅗ tasse) de sucre. Posez un cercle de papier sulfurisé de 23 cm (9 po) de diamètre sur une plaque à pâtisserie et déposez-y la meringue à la cuillère, en surélevant légèrement les bords. Enfournez pour 1 h 30 à 285 °F (135 °C). Laissez refroidir. Versez de la crème fouettée au centre et décorez de fruits frais.

Crème meringuée à la fraise, coulis de framboises
Préparez la meringue, en supprimant les noisettes. Laissez refroidir. Cassez-la en morceaux et mélangez ceux-ci avec la crème fouettée. Incorporez 230 g (1 ½ tasse) de fraises coupées en lamelles. Servez dans des coupes, avec le coulis de framboises.

Variantes

Gâteau à la carotte et à l'ananas, glaçage au fromage frais

Recette de base p. 240

Gâteau à la carotte et à la noix de coco, glaçage au fromage frais
Suivez la recette de base, en ajoutant 60 g (¾ tasse) de noix de coco râpée non sucrée dans la préparation avec les carottes.

Gâteau à la carotte et aux noix, glaçage au fromage frais
Suivez la recette de base, en remplaçant les noix de pécan par des noix.

Gâteau à la carotte, à l'ananas et aux raisins secs blonds, glaçage au fromage frais
Suivez la recette de base, en ajoutant 85 g (¾ tasse) de raisins secs blonds dans la préparation avec les carottes.

Gâteau à la carotte et à l'ananas, glaçage sans lait
Suivez la recette de base, en remplaçant le glaçage par un autre, crémeux : battez 170 g (1 ⅗ tasse) de sucre à glacer tamisé avec 70 g (⅓ tasse) de margarine sans lait et 1 c. à t. d'extrait de vanille, jusqu'à obtenir une consistance légère et mousseuse.

Variantes

Biscuit de Savoie aux bleuets et au citron

Recette de base p. 242

Biscuit de Savoie à la framboise et à la noix de coco
Suivez la recette de base, en supprimant le zeste de citron et en utilisant 40 g (⅝ tasse) de noix de coco râpée sucrée. Remplacez les bleuets par des framboises.

Biscuit de Savoie à la cerise
Suivez la recette de base, en supprimant le zeste de citron et en remplaçant les bleuets par 110 g (4 oz) de cerises dénoyautées. Servez avec un pot de confiture de cerises réchauffé en guise de sauce.

Biscuit de Savoie aux bleuets et au citron, glaçage au fromage frais
Suivez la recette de base. Préparez un glaçage en mélangeant 110 g (1 tasse) de sucre à glacer tamisé avec 230 g (8 oz) de fromage frais. Étalez-le sur le gâteau une fois celui-ci refroidi.

Biscuit de Savoie choco-poire
Suivez la recette de base, en supprimant le zeste de citron et en utilisant 85 g (3 oz) de pépites de chocolat noir. Remplacez les bleuets par 2 ou 3 poires pelées, épépinées et taillées en dés fins.

Biscuit de Savoie aux bleuets et au citron vert, sans lait
Suivez la recette de base, en remplaçant le beurre par de la margarine sans lait, le lait par du lait de riz et le zeste de citron par celui d'un citron vert.

Variantes

Roulé choco-cerise

Recette de base p. 245

Roulé choco-cerise fourré à la crème au chocolat
Suivez la recette de base. Ajoutez 85 g (3 oz) de chocolat noir fondu et refroidi dans la garniture.

Roulé choco-framboise fourré à la crème au cognac
Suivez la recette de base, en remplaçant les cerises par des framboises. Ajoutez 2 c. à s. de cognac dans la garniture.

Roulé choco-pécan fourré à la crème au café
Suivez la recette de base, en remplaçant les cerises par 85 g (⅔ tasse) de noix de pécan hachées. Ajoutez 2 c. à t. d'extrait de café dans la garniture.

Roulé choco-cerise sans lait, sauce au chocolat
Préparez le gâteau roulé. Au lieu d'une garniture à la crème, battez 85 g (⅓ tasse) de margarine sans lait avec 2 c. à t. d'extrait de vanille et 170 g (1 ⅗ tasse) de sucre à glacer tamisé, jusqu'à obtenir une consistance lisse. Étalez sur le gâteau avant d'ajouter les cerises. Faites chauffer 170 g (6 oz) de chocolat amer cassé en morceaux dans 15 cl (⅝ tasse) d'eau, additionnés de 1 c. à t. de café soluble et 60 g (¼ tasse) de sucre. Laissez frémir 10 min, puis servez en guise de sauce, chaude ou froide.

Roulés à la confiture de fraises

Recette de base p. 246

Roulés framboise-citron
Suivez la recette de base, en remplaçant la confiture de fraises par de la
confiture de framboises. Après avoir étalé celle-ci, ajoutez 1 c. à s. de crème
de citron (lemon curd) au centre de la pâte. Enroulez comme indiqué.

Roulés fraise-noix de coco
Suivez la recette de base, en saupoudrant la confiture de 40 g (⅝ tasse) de noix
de coco râpée sucrée.

Roulés à la confiture de fraises, crème pâtissière
Suivez la recette de base et servez les roulés avec une crème pâtissière. Faites
chauffer 30 cl (1 ¼ tasse) de lait entier avec 1 c. à t. d'extrait de vanille et
retirez du feu juste avant l'ébullition. Battez 2 jaunes d'œufs avec 1 c. à s. de
sucre dans un saladier de taille moyenne, versez le lait et fouettez
énergiquement. Reversez dans la casserole et mélangez 5 à 6 min sur feu doux,
jusqu'à ce que la crème épaississe. Servez chaud, tiède ou froid.

Roulés au citron, sans lait
Suivez la recette de base, en remplaçant le beurre par de la matière grasse
végétale solide. Remplacez la confiture de fraises par de la crème de citron
(lemon curd). Servez avec une crème sans lait réalisée à partir de la variante
ci-dessus, en remplaçant le lait entier par du lait de riz ou d'avoine.

Variantes

Cheesecake à la fraise

Recette de base p. 249

Cheesecake à la fraise et au chocolat blanc
Suivez la recette de base, en ajoutant 170 g (6 oz) de pépites de chocolat blanc dans la préparation avant de la verser dans le moule.

Cheesecake aux pépites de chocolat noir et de chocolat au lait
Suivez la recette de base, en supprimant les amandes, les fraises et le glaçage. Ajoutez 170 g (6 oz) de pépites de chocolat noir et 85 g (3 oz) de pépites de chocolat au lait dans la préparation avant de la verser dans le moule.

Cheesecake à la framboise
Suivez la recette de base, en remplaçant les fraises par des framboises. Ajoutez 60 g (⅖ tasse) de framboises dans le cheesecake avant de l'enfourner.

Cheesecake au chocolat blanc et aux noix de macadamia
Suivez la recette de base, en utilisant la recette du blondie (p. 267) à la place du fond en biscuit. Marbrez la préparation en y incorporant légèrement des noix de macadamia hachées et de la glace au caramel avant d'enfourner. Supprimez la garniture et servez avec de la crème fouettée et une sauce au caramel (p. 22).

Cheesecake aux cerises et aux amandes
Remplacez les fraises et la confiture par 230 g (¾ tasse) de confiture de cerises.

Variantes

Tarte aux pommes à la compote

Recette de base p. 250

Tarte aux fruits rouges et au fromage frais
Au lieu de suivre la recette de base, faites cuire complètement le fond de tarte.
Mélangez 450 g (16 oz) de fromage frais avec 6 c. à s. de sucre à glacer et
2 c. à t. d'extrait de vanille, versez sur le fond de tarte, couvrez de fruits rouges,
puis arrosez de coulis de framboises (p. 238).

Tarte aux amandes et à la noix de coco
Au lieu de suivre la recette de base, étalez 4 c. à s. de confiture de fraises sur le
fond de tarte précuit. Faites chauffer 110 g (½ tasse) de beurre, 110 g (½ tasse)
de sucre, 60 g (¾ tasse) d'amandes en poudre et 40 g (⅝ tasse) de noix de coco
râpée. Étalez uniformément sur la confiture et enfournez pour 30 à 35 min à
375 °F (190 °C). Dégustez chaud, tiède ou froid.

Tarte aux noix de pécan
Au lieu de suivre la recette de base, fouettez 3 œufs avec 140 g (⅔ tasse) de
sucre, 230 g (1 ⅖ tasse) de sirop de sucre roux et 70 g (⅓ tasse) de beurre fondu.
Ajoutez 170 g (1 ⅓ tasse) de noix de pécan, versez sur un fond de tarte non
précuit et enfournez pour 50 min à 340 °F (175 °C), jusqu'à ce que la crème soit
prise. Laissez refroidir avant de servir.

Tarte aux pommes à la compote, sans lait
Suivez la recette de base, en remplaçant le beurre de la compote par autant
de margarine sans lait.

Tarte à la patate douce, au caramel et aux noix de pécan

Recette de base p. 252

Tarte à la patate douce, au beurre de cacahuètes, au caramel et aux noix de pécan

Suivez la recette de base, en remplaçant le zeste d'orange, les épices et le cognac par 110 g (½ tasse) de beurre de cacahuètes sans morceaux et 60 g (¼ tasse) de beurre de cacahuètes avec morceaux.

Tarte à la patate douce, au caramel et aux amandes

Suivez la recette de base, en remplaçant le zeste d'orange, les épices et le cognac par 170 g (6 oz) de pépites de caramel. Remplacez les noix de pécan par des amandes effilées.

Tarte à la patate douce, aux amandes et au caramel

Suivez la recette de base, en remplaçant le zeste d'orange et les épices par 60 g (¾ tasse) d'amandes en poudre et 1 c. à t. d'extrait d'amande. Remplacez les noix de pécan par des amandes effilées.

Tarte à la patate douce, à la pomme, au caramel et aux noix de pécan

Suivez la recette de base, en ajoutant dans la purée de patates douces 1 pomme (golden delicious, par exemple) pelée, épépinée et coupée en petits dés.

Profiteroles et leur sauce au chocolat

Recette de base p. 254

Profiteroles fourrées au citron, sauce aux agrumes
Suivez la recette de base, en ajoutant 2 c. à t. de zeste de citron dans
la garniture de crème fouettée. Supprimez la sauce au chocolat et faites
chauffer un pot de confitures d'agrumes (citron, orange, pamplemousse)
en guise de sauce.

Profiteroles fourrées au café, sauce au chocolat
Suivez la recette de base, en ajoutant 2 c. à t. d'extrait de café dans
la garniture de crème fouettée.

Petits choux fourrés, glaçage au café
Suivez la recette de base. Avec la poche à douille, déposez des petits tas
de pâte de façon à obtenir des petites boules. Coupez celles-ci en deux
horizontalement et remplissez-les de crème fouettée. Préparez un glaçage
en mélangeant 230 g (2 tasses) de sucre à glacer tamisé avec un peu d'eau,
1 c. à t. d'extrait de café et 1 c. à t. de glycérine. Étalez au couteau sur les
choux.

Éclairs au chocolat, glaçage au chocolat
Préparez la pâte à choux et déposez des bâtonnets de pâte de façon à
former des éclairs. Pour le glaçage, remplacez l'extrait de café ci-dessus par
60 g (2 oz) de chocolat fondu et refroidi.

Mousse au citron

Recette de base p. 256

Mousse à la framboise
Remplacez le jus de citron par 6 c. à s. de coulis de framboises (p. 238).
Ajoutez 110 g (¾ tasse) de framboises fraîches dans les blancs d'œufs
fouettés.

Mousse au fruit de la Passion
Suivez la recette de base, en supprimant les citrons. Remplacez-les par
la chair et le jus de 6 fruits de la Passion, à ajouter avec les blancs d'œufs
fouettés.

Mousse aux deux citrons
Suivez la recette de base, en remplaçant 1 citron par 1 citron vert.

Mousse à l'abricot
Supprimez 2 citrons. Faites cuire sur feu doux 450 g (16 oz) d'abricots frais
dans 1 c. à s. d'eau jusqu'à ce qu'ils soient tendres. Retirez-les du feu, jetez
les noyaux et laissez refroidir. Ajoutez-les avec les blancs d'œufs battus.

Mousse au chocolat sans lait
Au lieu de suivre la recette de base, faites fondre 170 g (6 oz) de chocolat
amer au bain-marie, sur feu doux, avec 1 c. à s. de margarine sans lait.
Ajoutez 3 jaunes d'œufs tout en battant, ainsi que 1 c. à s. d'extrait de café,
puis incorporez 3 blancs d'œufs battus en neige ferme.

Pêches pochées au marsala, crème au mascarpone

Recette de base p. 258

Nectarines pochées au marsala, crème au mascarpone
Suivez la recette de base, en remplaçant les pêches par des nectarines.

Pêches pochées au marsala et parfait à la framboise
Suivez la recette de base, en supprimant la crème au mascarpone. Placez
du coulis de framboises (p. 238) 2 h au congélateur. Montez 2 blancs d'œufs en
neige ferme, puis incorporez-y 110 g (½ tasse) de sucre, en battant jusqu'à
obtenir une consistance ferme. Battez le coulis à demi congelé à la fourchette et
ajoutez 300 g (2 ⅓ tasses) de crème fouettée ainsi que les œufs en neige. Servez
aussitôt dans des verres préalablement placés au frais, avec les pêches.

Pêches pochées au marsala, compote de fruits et crème au mascarpone
Suivez la recette de base. Dans une casserole de taille moyenne, faites chauffer
230 g (1 ½ tasse) de fraises coupées en lamelles, 230 g (1 ½ tasse) de framboises,
110 g (¾ tasse) de mûres, 2 pommes pelées et coupées en lamelles et 450 g
(2 ⅕ tasses) de sucre. Laissez cuire sur feu doux jusqu'à ce que les fruits soient
tendres. Servez tiède ou froid avec la crème.

Pêches pochées au marsala, crème aux flocons d'avoine et au cognac
Suivez la recette de base, en supprimant la crème au mascarpone. Mélangez
2 c. à s. d'amandes effilées grillées et 2 c. à s. de flocons d'avoine grillés dans
300 g (2 ⅓ tasses) de crème fouettée, puis ajoutez 1 c. à s. de jus de citron,
4 c. à s. de miel et 4 c. à s. de cognac.

Glace aux pralines en coque de chocolat

Recette de base p. 260

Glace aux pépites de chocolat, sauce au chocolat
Suivez la recette de base, en supprimant les pralines. Incorporez à la glace
170 g (6 oz) de pépites de chocolat noir. Supprimez les coques de chocolat
et servez avec une sauce au chocolat (p. 254).

Glace à la fraise
Suivez la recette de base, en supprimant les pralines. Incorporez à la glace
110 g (¾ tasse) de fraises hachées. Surmontez de fraises hachées et de crème.

Glace à la menthe et aux pépites de chocolat en coque de chocolat
Suivez la recette de base, en supprimant les pralines. À la place, incorporez
à la glace 170 g (6 oz) de pépites de chocolat noir et 2 c. à t. d'extrait de menthe.

Glace aux pépites de chocolat au lait en coque de chocolat
Suivez la recette de base, en supprimant les pralines. À la place, incorporez
à la glace 170 g (6 oz) de pépites de chocolat au lait.

Glace à la piña colada
Suivez la recette de base, en supprimant les pralines. À la place, incorporez
à la glace 40 g (⅝ tasse) de noix de coco râpée sucrée, 40 g (¼ tasse) d'ananas
égoutté et écrasé, ainsi que 1 c. à t. d'extrait de noix de coco. Supprimez la
sauce au chocolat.

Variantes

Panna cotta à la confiture de lait

Recette de base p. 262

Panna cotta aux fruits rouges, coulis de framboises
Suivez la recette de base. Supprimez la confiture de lait et servez avec
un mélange de fruits rouges frais et un coulis de framboises (p. 238).

Panna cotta aux poires, sauce au chocolat
Suivez la recette de base. Supprimez la confiture de lait et servez avec
1 poire pelée, épépinée et coupée en deux par personne, pochée dans
du vin rouge avec des épices à vin chaud et 230 g (1 tasse) de sucre. Servez
avec une sauce au chocolat (p. 254).

Panna cotta au café, crème fouettée et sirop d'érable
Suivez la recette de base, en supprimant la confiture de lait et en ajoutant
2 c. à t. de café soluble dans le lait pendant que vous le faites chauffer.
Servez avec de la crème fouettée et un peu de sirop d'érable.

Panna cotta au chocolat blanc et à la confiture de lait
Suivez la recette de base, en ajoutant 170 g (6 oz) de chocolat blanc en morceaux
dans le mélange de lait et de crème pendant que vous le faites chauffer.

Panna cotta aux fraises, sans lait
Remplacez le lait et la crème par du lait de coco. Servez avec des fraises
fraîches coupées en lamelles et un coulis de framboises (p. 238).

Variantes

Brownies chocolat-pécan

Recette de base p. 265

Brownies chocolat-pécan aux pépites de chocolat blanc
Suivez la recette de base, en ajoutant 60 g (2 oz) de chocolat blanc cassé en tout petits morceaux avec les noix de pécan.

Brownies au chocolat et mélange de noix
Suivez la recette de base, en ajoutant 85 g (⅔ tasse) d'un mélange de noix diverses (amandes, noix, noix du Brésil, noix de macadamia...).

Brownies au chocolat, glaçage au fromage frais et au chocolat
Supprimez les noix de pécan et les garnitures. Une fois les brownies bien refroidis, étalez dessus un mélange composé de 170 g (6 oz) de fromage frais, 70 g (⅓ tasse) de beurre, 200 g (1 ⅘ tasse) de sucre à glacer tamisé et 30 g (⅓ tasse) de cacao amer en poudre.

Brownies au chocolat, sauce au caramel
Suivez la recette de base. Pour la sauce au caramel, faites chauffer 85 g (⅖ tasse) de cassonade, 140 g (⅘ tasse) de sirop de sucre roux, 60 g (¼ tasse) de beurre et 12 cl (½ tasse) de crème épaisse pendant 5 minutes Retirez du feu. Ajoutez 2 c. à s. de jus de citron.

Brownies chocolat-pécan sans lait, sauce au chocolat
Suivez la recette de base, en remplaçant le beurre par de la margarine sans lait. Supprimez la garniture et servez avec une sauce au chocolat sans lait (p. 272).

Variantes

Blondies au chocolat blanc, aux noix et au sirop d'érable

Recette de base p. 267

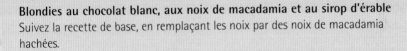

Blondies au chocolat blanc, aux noix de macadamia et au sirop d'érable
Suivez la recette de base, en remplaçant les noix par des noix de macadamia
hachées.

Blondies au chocolat blanc, aux dattes et au sirop d'érable
Suivez la recette de base, en remplaçant les noix par 140 g (¾ tasse) de dattes
séchées hachées.

Blondies aux pépites de caramel, aux noix de pécan et au sirop d'érable
Suivez la recette de base, en remplaçant le chocolat blanc par des pépites
de caramel et les noix par des noix de pécan hachées.

Blondies au chocolat blanc, aux cerises et au sirop d'érable
Suivez la recette de base, en remplaçant les noix par des cerises séchées.

Blondies au café, aux noix et au sirop d'érable, sans lait
Suivez la recette de base, en remplaçant le chocolat blanc par des grains de café
grillés puis écrasés et le beurre par de la margarine sans lait.

Index